한글로 풀어 읽는

생활인성 明心寶鑑

飜譯 金鍾喆 · 字解 崔貞允

대구한의대학교출판부

머 리 말

사람이 '사람답게' '사람 노릇'하는 문제는 어느 시대 어느 지역을 불문하고 인간들이 추구해 오고 있는 가치이다. 그것은 아마도 사람의 생활이라 하는 것이 공동체를 중심으로 사회생활을 영위하고 있는 것에서 연유하는 듯하다, 오로지 홀로 산다면 나답게 나의 노릇만 하면 되지만 '사람답게' '사람 노릇' 하여야 하기 때문이다.

사실 '답게'와 '노릇'에는 절대가치가 있는 것은 아니다. 장소, 시대, 환경, 나이, 지역 등등 그야말로 때와 시에 맞게 인간성을 유연하게 능통하여 나갈 수 있는 능력이 전제되어야 '답게'와 '노릇'이 가능하여진다.

그런 측면에서 본다면 우리의 고전 『명심보감』은 유교라는 이데올로기를 중심으로 하고 있으나 인간사회의 보편적 윤리라는 측면에서 그 객관성을 인정받은 고전이라 할 수 있다. 『명심보감』에서 이야기하고 있는 '답게'와 '노릇'에 대한 글들이 독자들의 삶의 절대가치가 되기를 바라는 것은 아니다. 자신의 삶을 만들어가는 귀한 자료로 한 번 보아주었으면 한다.

책의 체제는 한글세대들에게 편안한 읽기를 제공하기 위하여 최대한 배려하였다. 바쁜 시간 속에 한자풀이와 독음 그리고 한자어 풀이까지 도와주신 최정윤선생님의 배려에 감사드린다.

부족한 사람의 번역이지만 읽는 분들의 도움으로 『명심보감』의 귀한 말씀들에 누가 되지 않았으면 하는 바램이다.

2015. 10

하늘天바람風꽃花 김종철 삼가드립니다.

••目 次••

繼善篇

계 선 편

공자께서 말씀하셨다.

"선하게 살아가는 사람에게는 하늘이 보답하여 주기를 복으로서 하고, 선하지 아니하게 살아가는 사람들에게는 하늘이 보답하여 주기를 재앙으로서 한다."

子曰 爲善者 天報之以福 爲不善者 天報之以禍

자왈 위선자 천보지이복 위불선자 천보지이화

爲 할 위　　善 선할 선　　者 놈, 사람 자　　報 갚을 보

福 복 복　　禍 재앙 화

報之以 : ~로 보답하다.

중국 한나라의 소열황제가 죽음을 앞두고 다음 왕에게 충고하여 말하였다. "아무리 작은 착함이라 할지라도 아니하지 말고, 아무리 작은 악이라도 하여서는 아니 된다."

漢昭烈將終勅後主曰 勿以善小而不爲 勿以惡小而爲之
한소열장종칙후주왈 물이선소이불위 물이악소이위지

漢 한나라 한　昭 밝을 소　烈 매울 렬　將 장차 장
終 마칠 종　勅 칙서 칙　曰 가로되 왈　勿 말 물
昭烈 : 소열황제. 삼국시대 촉한(蜀漢)의 제1대 황제.
성은 유(劉), 이름은 비(備), 자는 현덕(玄德), 소열(昭烈)은 그의 시호이다.
後主 : 유비의 아들 유선(劉禪)
勿 : ~하지 말라　不爲 : 하지 않다

장자께서 말씀하셨다. “매일 착한 일을 생각하지 않으면 모든 악들이 저절로 생겨난다.”

莊子曰 一日不念善 諸惡皆自起
장자왈 일일불념선 제악개자기

莊 장엄할 장　念 생각 념　諸 모든 제　惡 악할 악
皆 다 개　自 스스로, 저절로 자　起 일어날 기
莊子 : 중국 전국시대의 사상가. 고대 도가(道家) 사상의 중심인물.
自起 : 저절로 생겨나다

태공께서 말씀하셨다. "좋은 것을 보게 되면 목마른 사람이 물을 찾듯이 하며, 나쁜 말을 들리면 아무것도 듣지 못한 것처럼 하여라." 또 말씀하시기를 "좋은 일들은 반드시 탐을 내고, 나쁜 일들은 즐거워하지 말아라."

太公曰 見善如渴 聞惡如聾 又曰 善事須貪 惡事莫樂
태공왈 견선여갈 문악여롱 우왈 선사수탐 악사막락

善 좋을 선　　如 같을 여　　渴 목마를 갈
聞 들을 문　　聾 귀먹을 롱　　須 모름지기 수
貪 탐할 탐　　莫 ~하지 말라 막　　樂 즐거울 락
太公 : 주(周)나라 초기의 정치가. 본명은 강상(姜尙)
見善 : 좋을 것을 보다
如渴 : 목마른 사람이 물을 찾듯이 하다
莫樂 : 즐거워하지 말라

마원이라는 분이 말씀하셨다. “죽는 순간까지 착한 일을 실천하여도 착한 일은 오히려 부족하고, 단 하루만 나쁜 일을 하더라도 그 영향은 남겨지게 된다.”

馬援曰 終身行善 善猶不足 一日行惡 惡自有餘
마원왈 종신행선 선유부족 일일행악 악자유여

馬 말 마	援 구원할 원	終 마칠 종
身 몸 신	行 행할 행	猶 오히려 유
足 발, 넉넉할 족	餘 남을 여	

馬援 : 중국 후한(後漢)의 장군
終身 : 죽는 순간까지, 평생
不足 : 넉넉하지 못함, 만족하지 못함

사마온공이라는 분이 말씀하셨다. "재물을 쌓아 후손들에게 물려준다하여도 후손들이 반드시 그 재산들을 모두 유지 할 수 없으며, 책을 쌓아서 후손들에게 물려준다 하여도 후손들이 반드시 그 책들을 모두 읽어 보지 못한다. 보이지 아니하는 곳에서 남몰래 덕을 쌓아서 후손들을 위한 방책으로 삼는 것만 같지 아니하다."

司馬溫公曰 積金以遺子孫 未必子孫能盡守 積書以遺子孫
사마온공왈 적금이유자손 미필자손능진수 적서이유자손
未必子孫能盡讀 不如積陰德於冥冥之中 以爲子孫之計也
미필자손능진독 불여적음덕어명명지중 이위자손지계야

司 말을 사	溫 더울 온	積 쌓을 적	遺 끼칠 유
未 아닐 미	能 능할 능	盡 다할 진	守 지킬 수
讀 읽을 독	陰 그늘 음	冥 어두울 명	計 계책 계

사마온공(司馬溫公) : 중국 북송(北宋)의 정치가. 이름은 광(光)
積金 : 재물을 쌓다　遺子孫 : 후손에게 물려주다
未必 : 아직 반드시 ~는 아니다　不如 : ~만 못하다
績陰德 : 덕(陰德)을 쌓다　冥冥之中 : 남몰래

경행록에 다음 같이 기록되어 있다. "은혜로움과 올바른 일을 넓게 베풀어라. 사람이 살아가다 보면 어느 곳에서든 서로 만날 수 있지 않겠는가? 원수가 되거나 원한을 만들지 말라. 길을 가다 좁은 장소에서 서로 마주하면 돌아서 피해가기 힘들다."

景行錄曰 恩義廣施 人生何處不相逢 讐怨莫結 路逢狹處 難回避
경행록왈 은의광시 인생하처불상봉 수원막결 노봉협처 난회피

景 볕, 클 경	行 다닐 행	錄 기록할 록	恩 은혜 은
義 옳을 의	廣 넓을 광	施 베풀 시	何 어느 하
處 곳 처	逢 만날 봉	讐 원수 수	怨 원망 원
莫 ~하지 말라 막	狹 좁을 협	難 어려울 난	
回 돌아올 회	避 피할 피		

廣施 : 넓게 베풀다 何處 : 어느 곳
莫結 : 만들지 말라 狹處 : 좁은 곳

장자께서 말씀하셨다. "나에게 선한 행동을 하는 사람에게 나도 역시 선하게 하고, 나에게 나쁜 행동을 하는 사람에게도 내가 역시 선하게 해주어야 한다. 내가 다른 사람에게 나쁜 것을 하는 것이 없으면, 다른 사람도 나에게 나쁜 일을 하는 것이 없을 것이다."

莊子曰 於我善者 我亦善之 於我惡者 我亦善之 我旣於人
장자왈 어아선자 아역선지 어아악자 아역선지 아기어인
無惡 人能於我 無惡哉
무악 인능어아 무악재

於 어조사 어 我 나 아 善 착할 선 者 놈 자
旣 이미 기 能 능할 능 哉 어조사 재
於我 : 나에게 善之 : 선하게 하다
於人 : 남에게

'동악성제수훈'이라는 글에 다음과 같은 말이 있다. "어느 날 하루 동안 착한 행위를 하게 되면 비록 복은 아직 나타나지 않으나 재앙은 자연스럽게 멀리 사라지게 될 것이요, 어느 날 하루 동안 나쁜 일을 행하면 비록 재앙은 아직 도달하지 아니하나 복은 자연스럽게 멀리 사라지게 될 것이다. 착한 일을 하는 사람은 봄 정원에 새로 돋아나는 봄풀 같아 그 자라나는 것이 드러나지는 않지만 매일 매일 자라나는 것이 있고, 나쁜 일을 하는 사람은 칼을 가는 돌과 같아 그 마모되는 것이 드러나지는 않지만 매일 매일 기울어지는 것이 있다."

東嶽聖帝垂訓曰 一日行善 福雖未至 禍自遠矣 一日行惡
동악성제수훈왈 일일행선 복수미지 화자원의 일일행악
禍雖未至 福自遠矣 行善之人 如春園之草 不見其長
화수미지 복자원의 행선지인 여춘원지초 불견기장
日有所增 行惡之人 如磨刀之石 不見其損 日有所虧
일유소증 행악지인 여마도지석 불견기손 일유소휴

嶽 큰 산 악	聖 성인 성	帝 임금 제	垂 드리울 수
訓 가르칠 훈	福 복 복	雖 비록 수	至 이를 지
禍 재앙 화	遠 멀 원	矣 어조사 의	如 같을 여
園 동산 원	所 바 소	增 더할 증	磨 갈 마
損 덜 손	虧 이지러질 휴		

未至 : 아직 도달하지 않다　　其長 : 자라남
所增 : 자라는 것　　其損 : 줄어듦
所虧 : 기울어지는 것

공자께서 말씀하셨다. "착한 일을 보게 되면 그러한 일에 도달하지 못하여 애태우는 것 같이 하고, 착하지 않은 일을 보게 되면 만지지 못할 뜨거운 물을 대하는 것과 같이 하라."

子曰 見善如不及 見不善如探湯
자왈 견선여불급 견불선여탐탕

見 볼 견　　及 미칠 급　　如 같을 여
探 더듬을 탐　湯 끓을 탕
孔子 : 중국 춘추 시대의 사상가 · 학자(B.C.551~B.C.479).
이름은 구(丘). 자는 중니(仲尼).
不及 : 도달하지 못하다
探湯 : (만지지 못할) 뜨거운 물을 대하다

天命篇

천 명 편

맹자께서 말씀하셨다. "우주의 원리에 순응하는 사람은 존재할 것이고, 우주의 원리를 거스르는 사람은 사라질 것이다."

孟子曰 順天者存 逆天者亡
맹자왈 순천자존 역천자망

孟 맏 맹　　曰 가로되 왈　　順 순할 순　　者 놈, 사람 자
存 있을 존　　逆 거스를 역　　亡 망할 망
孟子 : 중국 전국 시대의 사상가(B.C.372~B.C.289).
자는 자여(子輿) · 자거(子車).
順天者 : 우주의 원리에 순응하는 사람
逆天者 : 우주의 원리에 거스르는 사람

강절 소선생께서 말씀하셨다. "하늘이 온 세상의 소리를 들음에 적막하여 아무 소리도 없으니 푸르기만 한 저 하늘 어느 곳에서 찾을 수 있을까? 높지도 또한 멀지도 아니하다. 모든 것이 단지 우리 사람들의 마음속에 있다."

康節邵先生曰 天聽寂無音 蒼蒼何處尋 非高亦非遠 都只在人心
강절소선생왈 천청적무음 창창하처심 비고역비원 도지재인심

康 편안할 강　節 마디 절　邵 높을 소　先 먼저 선
聽 들을 청　寂 고요할 적　音 소리 음　蒼 푸를 창
何 어느 하　處 곳 처　尋 찾을 심　都 모두 도
只 다만 지　在 있을 재

康節邵先生 : 중국 송(宋)나라의 학자, 사상가, 시인. 이름은 옹(雍), 강절(康節)은 시호이다.

天聽 : 하늘이 (온 세상의 소리를) 듣다

寂無音 : 적막하여 아무 소리도 없다

蒼蒼 : 푸르기만 함, 푸르고 푸르다

何處尋 : 어느 곳에서 찾을 수 있을까

都只 : 모든 것이 단지

'현제수훈'에 다음과 같은 말이 있다. "사람들 사이에서 개인적으로 하는 사사로운 말도 하늘에게는 우레와 같이 크게 들리고, 아무도 모르는 방 안에서 자신의 마음을 속일지라도 귀신의 눈에는 번개와 같이 밝게 보인다."

玄帝垂訓曰 人間私語 天聽若雷 暗室欺心 神目如電
현제수훈왈 인간사어 천청약뢰 암실기심 신목여전

玄 검을 현　帝 임금 제　垂 드리울 수　訓 가르칠 훈
私 사사로울 사　語 말씀 어　聽 들을 청　雷 우뢰 뢰
暗 어두울 암　室 집, 방 실　欺 속일 기　神 귀신 신
如 같을 여　電 번개 전
私語 : 개인적으로 하는 사사로운 말
聽若雷 : 우레와 같이 크게 들리다
欺心 : 자신의 마음을 속이다
目如電 : 번개와 같이 밝게 보이다

'익지서'에 다음과 같은 말이 있다. "악이 마음 가득 넘치게 되면, 하늘이 반드시 그를 베어 죽인다."

益智書云 惡鑵若滿 天必誅之
익지서운 악관약만 천필주지

益 더할 익 智 슬기 지 書 글 서 云 이를 운
鑵 두레박 관 若 만약 약 滿 가득할 만 必 반드시 필
誅 벨 주
惡鑵 : 악의 두레박, 악한 마음을 비유함
誅之 : 그를 베어죽이다

장자께서 말씀하셨다. "만약 어떤 사람이 나쁜 일을 만들어 이 세상에 이름을 드러내게 된다면 사람들이 비록 그 사람을 해치지 아니 하더라도 하늘이 반드시 그 사람을 죽일 것이다."

莊子曰 若人作不善 得顯名者 人雖不害 天必戮之
장자왈 약인작불선 득현명자 인수불해 천필륙지

莊 풀 성할 장 若 만약 약 作 지을 작 得 얻을 득
顯 나타날 현 名 이름 명 雖 비록 수 害 해칠 해
戮 죽일 륙
顯名 : 세상에 이름을 드러내다
戮之 : 그를 죽이다

오이씨를 심게 되면 오이를 수확하고, 콩을 심게 되면 콩을 수확하게 된다. 우주의 섭리가 넓고 넓어서 광활하나 빠트리고 놓치는 것은 없다.

種瓜得瓜 種豆得豆 天網恢恢 疎而不漏
종과득과 종두득두 천강회회 소이불루

種 심을 종	瓜 오이 과	得 얻을 득	豆 콩 두
天 하늘 천	網 그물 망	恢 넓을 회	疎 성글 소
而 말이을 이	不 아닐 불	漏 샐 루	

種瓜 : 오이씨를 심다　　種豆 : 콩을 심다
恢恢 : 넓고 넓다　　不漏 : 뜨리고 놓치는 것이 없다

공자께서 말씀하셨다. "우주 자연의 섭리에 어긋나면 용서 받을 곳이 없다"

子曰 獲罪於天 無所禱也
자왈 획죄어천 무소도야

獲 얻을 획　罪 죄, 형벌 죄　於 어조사 어　所 바 소
禱 빌 도　也 어조사 야
於天 : 우주 자연의 섭리에
無所禱 : 용서받을 곳이 없다

順命篇

순 명 편

공자께서 말씀하셨다. "죽고 사는 것에는 우주의 섭리가 있는 것이고, 부유하고 귀하게 되는 것은 하늘에 달려 있다."

子曰 死生有命 富貴在天

자왈 사생유명 부귀재천

死 죽을 사　生 살 생　命 목숨 명　富 부유할 부
貴 귀할 귀　在 있을 재
死生 : 죽고 사는 것　富貴 : 부유하고 귀하게 되는 것

세상 모든 일에는 모든 각각의 몫이 이미 결정되어져 있는데, 허망한 구름 같은 인생들이 헛되이 제 스스로 바쁘다.

萬事分已定 浮生空自忙
만사분이정 부생공자망

萬 일만 만　事 일 사　分 나눌 분　已 이미 이
定 정할 정　浮 뜰 부　空 빌 공　自 스스로 자
忙 바쁠 망
萬事 : 세상 모든 일　浮生 : 허망한 구름 같은 인생
自忙 : 제 스스로 바쁘다

'경행록'에 다음과 같은 말이 있다. "재앙은 요행으로 면할 수 있는 것이 아니고, 복은 재차 다시 구할 수 있는 것이 아니다."

景行錄云 禍不可倖免 福不可再求

경행록운 화불가행면 복불가재구

景 볕 경	行 다닐 행	錄 기록할 록	云 이를 운
禍 재앙 화	倖 요행 행	免 면할 면	福 복 복
再 다시 재	求 구할 구		
倖免 : 요행으로 면하다		再求 : 다시 구하다	

하고자 하는 일과 때가 맞으니 가만있어도 바람이 불어와 등왕각으로 보내어 주고, 운이 다하니 벼락이 천복비에 떨어지는구나.

時來風送滕王閣 運退雷轟薦福碑
시래풍송등왕각 운퇴뢰굉천복비

時 때 시	來 올 래	送 보낼 송	滕 나라 등
閣 집 각	運 운세 운	退 물러날 퇴	雷 우레 뢰
轟 천둥소리 굉	薦 천거할 천	碑 비석 비	

時來 : 하고자 하는 일과 때가 맞다
滕王閣 : 당나라 고조의 아들 등왕 이원영이 세운 각.
運退 : 운이 다하다
薦福碑 : 강서성 양현 요주의 천복사(薦福寺) 경내에 있던 비석. 당나라 이북해(李北海)가 비문을 짓고 구양순(歐陽詢)이 그 비문을 썼는데, 당시 구양순의 서체(書體)가 크게 존중받아 이 비문의 탁본이 비싸게 팔렸다고 함.

열자께서 말씀하셨다. "바보스럽고 듣지 못하고 말하지 못하는 사람도 집안은 호사스럽고 부자일 수 있으며, 지혜롭고 총명한 사람일지라도 오히려 가난할 수가 있다. 타고나는 해와 달과 날과 시에 모두 정해져 있는 것이니, 생각하여 보면 우주의 섭리로 인하여 그렇게 되는 것이지 사람에 의하여 그렇게 되는 것은 아니다."

列子曰 癡聾痦啞 家豪富 智慧聰明 却受貧 年月日時 該載定
열자왈 치롱음아 가호부 지혜총명 각수빈 년월일시 해재정
算來由命不由人
산래유명불유인

列 벌릴 렬	癡 어리석을 치	聾 귀먹을 롱	痦 벙어리 음
啞 벙어리 아	豪 호걸, 사치 호	富 부유할 부	智 지혜 지
慧 밝을 혜	聰 귀밝을 총	却 도리어 각	受 받을 수
貧 가난할 빈	該 모두 해	載 비로소 재	定 정할 정
算 셈할 산	由 말미암을 유	命 목숨, 명령 명	

癡聾 : 어리석고 듣지 못함　　癡聾 : 벙어리
算來 : 생각해보면, 헤아려보면

孝行篇

효 행 편

'시경'에 다음과 같은 시가 있다. "아버지께서 나를 만드시고 어머니께서 나를 기르시니, 슬프고 슬프도다 부모님이시어 나를 낳고 길러주심에 고생하고 괴로우셨다. 깊고 깊은 은혜를 보답하고자 하지만 넓고 넓은 하늘같이 끝이 없구나."

詩曰 父兮生我 母兮鞠我 哀哀父母 生我劬勞 欲報深恩
시왈 부혜생아 모혜국아 애애부모 생아구로 욕보심은
昊天罔極
호천망극

父 아버지 부　兮 어조사 혜　我 나 아　母 어머니 모
鞠 기를 국　哀 슬플 애　劬 힘쓸 구　勞 수고로울 로
欲 하고자할 욕　報 갚을 보　深 깊을 심　恩 은혜 은
昊 하늘 호　罔 없을 망　極 다할 극

시경(詩經) : 유학 오경(五經)의 하나. 주나라 초부터 춘추 시대까지의 시 311편을 풍(風)·아(雅)·송(頌)의 세 부문으로 나누어 수록하였다.

昊天 : 넓고 넓은 하늘　罔極 : 끝이 없음

공자께서 말씀하셨다. "효도하는 자식들이 부모님을 모시는 것은 부모님이 젊어 일상생활 하실 때에는 공경함을 극진하게 하고, 부모님이 나이가 들어 모시고 보살펴 드릴 때에는 정성을 다하여 즐겁게 하여 드리고, 부모님이 늙어 몸이 아프게 되면 진심으로 걱정하고, 부모가 돌아가셨을 때에는 그 슬픔을 다하며, 제사지낼 때에는 엄숙하게 그 마음을 다한다."

子曰 孝子之事親也 居則致其敬 養則致其樂 病則致其憂
자왈 효자지사친야 거즉치기경 양즉치기락 병즉치기우
喪則致其哀 祭則致其嚴
상즉치기애 제즉치기엄

事 섬길 사　親 어버이 친　居 거할 거　則 곧 즉
致 다할 치　敬 공경할 경　養 기를 양　樂 즐거울 락
病 병 병　憂 근심 우　喪 죽을 상　哀 슬플 애
祭 제사 제　嚴 엄할 엄
事親 : 부모를 섬김

공자께서 말씀하셨다. “부모님이 함께 생활하고 계시면 먼 곳으로 다니지 않으며, 다닐 때에는 반드시 장소를 알려야 한다.”

子曰 父母在 不遠遊 遊必有方
자왈 부모재 불원유 유필유방

在 있을 재　遠 멀 원　遊 놀, 떠돌 유
必 반드시 필　方 모, 장소 방
有方 : 행방, 장소를 알림

공자께서 말씀하셨다. "아버지께서 소리 내어 부르시면 빨리 대답하고 늦장 부리지 말 것이며, 만약 음식이 입 안에 있으면 그것을 뱉아내고 빨리 답을 하여라."

子曰 父命召 唯而不諾 食在口則吐之
자왈 부명소 유이불낙 식재구즉토지

父 아버지 부　命 명할 명　召 부를 소
唯 빨리 대답할 유　而 말이을 이　諾 허락할, 느리게 대답할 낙
食 음식 식　在 있을 재　則 곧 즉　吐 토할 토
命召 : 소리내어 부름
唯而不諾 : 빨리 대답하고 늦장 부리지 않음
吐之 : 뱉아 냄, 토해 냄.

태공께서 말씀하셨다. "부모님께 효도하면 자식들 역시 나에게 효도하게 될 것이니, 자기 자신이 효도를 행하지 않았다면 자식들이 어떻게 효도를 행하겠는가?"

太公曰 孝於親 子亦孝之 身旣不孝 子何孝焉
태공왈 효어친 자역효지 신기불효 자하효언

孝 효도할 효　於 어조사 어　親 어버이 친　身 자신 신
何 어찌 하　焉 어조사 언
於親 : 부모님께
何孝焉 : 어떻게 효도를 행하리오

부모님께 효도하고 그 뜻을 따르는 사람은 다시 효도하고 뜻을 따르는 자식을 낳고, 부모님께 효도하지 않고 뜻을 거스르는 사람은 다시 효도하지 않고 뜻을 거스르는 아이를 낳는다. 만약 믿기지 않는다면 처마 끝에 떨어지는 물방울 하나만 살펴보아라. 한 방울 한 방울 떨어지는 것이 한 치의 오차도 없다.

孝順 還生孝順子 忤逆 還生忤逆兒 不信 但看簷頭水
효순 환생효순자 오역 환생오역아 불신 단간첨두수
點點滴滴不差移
점점적적불차이

順 순할 순	還 다시 환	忤 거스를 오	逆 거스를 역
兒 아이 아	但 다만 단	看 볼 간	簷 처마 첨
頭 머리 두	點 점 점	滴 물방울 떨어질 적	
差 어그러질 차	移 옮길 이		

孝順子 : 효도하고 그 뜻을 따르는 자식
忤逆兒 : 효도하지 않고 뜻을 거스르는 아이

正己篇

정 기 편

'성리서'에 다음과 같은 말이 있다. "다른 사람의 좋은 것을 살펴 나의 좋은 것을 찾아내고, 다른 사람의 나쁜 것을 살펴 나의 나쁜 것을 찾아내어라. 이렇게 한다면 자신에게 이로움이 있을 것이다."

性理書云 見人之善 而尋己之善 見人之惡 而尋己之惡 如此
성리서운 견인지선 이심기지선 견인지악 이심기지악 여차
方是有益
방시유익

性 성품 성　理 이치 리　書 글, 책 서　云 이를 운
尋 찾다 심　己 자기 기　如 같을 여　此 이 차
方 바야흐로 방　益 더할 익
人之善 : 다른 사람의 좋은 것　己之善 : 나의 좋은 것
人之惡 : 다른 사람의 나쁜 것　己之惡 : 나의 나쁜 것
方是 : 비로소

'경행록'에 다음과 같은 말이 있다. "큰 뜻을 품은 사내라면 다른 사람들을 포용할 수 있어야 할 것이니, 다른 사람에게 포용 받는 사람이 되어서는 아니 된다."

景行錄云 大丈夫當容人 無爲人所容
경행록운 대장부당용인 무위인소용

景 별 경　　行 다닐 행　　錄 기록할 록
云 이를 운　　當 마땅할 당　　容 얼굴, 용납할 용
無 없을 무　　爲 할 위　　所 바 소
容人 : 다른 사람을 포용하다
人所容 : 다른 사람에게 포용 받는 사람

태공께서 말씀하셨다. "자기 자신을 귀하게 여기는 것으로써 다른 사람을 천하게 대하지 말고, 자기 자신을 크게 여기는 것으로서 자기보다 못한 다른 사람을 업신여기지 말며, 자신의 자신감만 믿고 적을 경솔하게 대하지 말라."

太公曰 勿以貴己而賤人 勿以自大而蔑小 勿以恃勇而輕敵
태공왈 물이귀기이천인 물이자대이멸소 물이시용이경적

曰 가로되 왈　勿~하지 말라 물　貴 귀할 귀　己 자기 기
賤 천할 천　蔑 업신여길 멸　恃 믿을 시　勇 날랠 용
輕 가벼울 경　敵 대적할, 적군 적
貴己 : 자기 자신을 귀하게 여기다
賤人 : 다른 사람을 천하게 대하다
自大 : 자기 자신을 크게 여기다
蔑小 : 자기보다 못한 사람을 업신여기다
恃勇 : 자신의 자신감을 믿다
輕敵 : 적을 경솔하게 대하다

마원께서 말씀하셨다. "다른 사람의 잘못을 듣게 되면 부모님의 이름을 들은 것 같이 귀로는 들었어도 입으로 말하여서는 아니 된다."

馬援曰 聞人之過失 如聞父母之名 耳可得聞 口不可言也
마원왈 문인지과실 여문부모지명 이가득문 구불가언야

援 구원할 원　聞 들을 문　過 허물 과　失 잃을 실
如 같을 여　名 이름 명　耳 귀 이　得 얻을 득
可 옳을 가
人之過失 : 다른 사람의 잘못
不可 : 옳지 않음, ~해서는 안 됨

소강절선생께서 말씀하셨다. "다른 사람이 나를 헐뜯는 소리를 들어도 쉽게 화 내어서는 아니 될 것이고, 다른 사람이 나를 칭찬하는 소리를 들어도 쉽게 기뻐하여서도 아니 될 것이며, 다른 사람에 대한 나쁜 소문을 듣더라도 쉽게 동조하여서도 아니 될 것이다. 다른 사람의 좋은 점을 듣게 되면 즉시 달려 나아가 함께 하고 또 함께 즐거워하라. 그의 詩에 다음과 같은 말이 있다. '착한 사람 만나기를 즐기고, 착한 일 듣는 것을 즐기며, 착한 말하기를 즐기고, 착한 뜻 실천하는 것을 즐기라. 다른 사람의 나쁜 것을 듣게 되면 가시나무를 짊어 진 것 같이 불편하게 여기고, 다른 사람의 착한 것을 듣게 되면 향기 나는 난초를 몸에 간직한 듯이 하라."

康節邵先生曰 聞人之謗 未嘗怒 聞人之譽 未嘗喜 聞人之惡
강절소선생왈 문인지방 미상노 문인지예 미상희 문인지악

未嘗和 聞人之善 則就而和之 又從而喜之
미상화 문인지선 즉취이화지 우종이희지

其詩曰 樂見善人 樂聞善事 樂道善言 樂行善意
기시왈 낙견선인 낙문선사 낙도선언 낙행선의

聞人之惡 如負芒刺 聞人之善 如佩蘭蕙
문인지악 여부망자 문인지선 여패난혜

康 편안할 강	節 마디 절	邵 높을 소	聞 들을 문
謗 비방할 방	未 아닐 미	嘗 일찍 상	怒 성낼 노
譽 기릴 예	喜 기쁠 희	和 화할 화	就 나아갈 취
樂 즐거울 락	道 말할 도	如 같을 여	負 짊어질 부
芒 가시 망	刺 찌를, 가시 자		佩 찰 패
蘭 난초 란	蕙 혜초 혜	未嘗 : 일찍이 ~하지 않다	
芒刺 : 가시나무		蘭蕙 : 향기 나는 난초	

나의 좋은 것만을 내게 말하여 주는 사람은 나에게 해가 되는 사람이고, 나의 나쁜 점을 나에게 말하여 주는 사람은 나의 스승과 같다.

道吾善者 是吾賊 道吾惡者 是吾師
도오선자 시오적 도오악자 시오사

道 말할 도	吾 나 오	善 좋을 선	者 놈, 사람 자
是 이 시	賊 해칠 적	惡 악할 악	師 스승 사
吾賊 : 나의 적		吾師 : 나의 스승	

태공께서 말씀하셨다. "근면은 값을 따질 수 없는 보배이며, 조심스러움은 몸을 보호하는 부적과 같은 것이다."

太公曰 勤爲無價之寶 愼是護身之符
태공왈 근위무가지보 신시호신지부

勤 부지런할 근	爲 될 위	價 값 가	寶 보배 보
愼 삼갈 신	是 이 시	護 보호할 호	符 부적 부
護身之符 : 몸을 지켜주는 부적			

'경행록'에 다음과 같은 말이 있다. "삶을 잘 유지하려는 사람은 욕심을 적게 하고 자신의 몸을 지키고자 하는 사람은 명성을 피해야 할 것이니, 마음에서 욕심을 지우기는 쉬우나 명성을 바라는 것을 지우기는 어렵다."

景行錄曰 保生者寡慾 保身者避名 無慾易 無名難
경행록왈 보생자과욕 보신자피명 무욕이 무명난

保 지킬 보　生 살 생　者 놈, 사람 자　寡 적을 과
慾 욕심 욕　避 피할 피　名 이름, 명성 명　易 쉬울 이
難 어려울 난
寡慾 : 욕심을 적게하다　避名 : 명성을 피하다

공자께서 말씀하셨다. "군자에게는 경계해야 할 것이 세 가지가 있으니 어릴 때에는 혈기가 아직 정하여지지 않아 여자를 조심하여야 하고, 자라나서는 혈기가 강하니 싸움을 조심하여야 하고, 늙어지게 되면 혈기가 쇠하여 욕심을 조심하여야 한다."

子曰 君子有三戒 少之時 血氣未定 戒之在色 及其長也
자왈 군자유삼계 소지시 혈기미정 계지재색 급기장야
血氣方剛 戒之在鬪 及其老也 血氣旣衰 戒之在得
혈기방강 계지재투 급기노야 혈기기쇠 계지재득

戒 경계 계	少 젊을 소	時 때 시	血 피 혈
氣 기운 기	定 정할 정	戒 경계할 계	剛 굳셀 강
鬪 싸울 투	及 미칠 급	衰 쇠할 쇠	
色 : 여색	鬪 : 싸움	得 : 욕심	

'손진인양생명' 글에서 다음과 같이 말하였다. "화를 심하게 내면 기가 많이 상하고, 생각을 많이 하게 되면 정신을 크게 상하게 된다. 정신이 지치게 되면 마음이 쉽게 힘들어지고, 기가 약해지면 병의 원인이 된다. 슬퍼하거나 좋아하는 것을 극단적으로 하지 말고, 먹고 마시는 것을 일정하게 하며, 무엇보다도 밤에 술을 먹지 말고, 아침에 화내는 것을 특히 조심하라."

孫眞人養生銘云 怒甚偏傷氣 思多太損神 神疲心易役 氣弱病
손진인양생명운 노심편상기 사다태손신 신피심이역 기약병
相因 勿使悲歡極 當令飮食均 再三防夜醉 第一戒晨嗔
상인 물사비환극 당령음식균 재삼방야취 제일계신진

孫 손자 손	眞 참 진	養 기를 양	銘 새길 명
云 이를 운	怒 성낼 노	甚 심할 심	偏 치우칠 편
傷 상할 상	損 덜 손	神 정신 신	疲 피곤할 피
易 쉬울 이	役 부릴 역	勿 말 물	使 부릴 사
悲 슬플 비	歡 기뻐할 환	極 다할 극	令 하여금 령
飮 마실 음	食 먹을 식	均 고를 균	再 다시 재
防 막을 방	醉 술취할 취	戒 경계할 계	晨 새벽 신
嗔 성낼 진			

勿使 : ~하게 하지 말라
當令 : 마땅히 ~하게 하다

'경행록'에서 다음과 같이 말하였다. "먹는 것이 맑으면 정신이 깨끗하고, 마음이 맑으면 잠자리의 꿈이 편안하다."

景行錄曰 食淡精神爽 心淸夢寐安
경행록왈 식담정신상 심청몽매안

錄 기록할 록	淡 맑을 담	精 자세할, 정신 정	
神 정신 신	爽 상쾌할 상	淸 맑을 청	夢 꿈 몽
寐 잘 매	安 편안할 안	夢寐 : 꿈자리	

마음을 일정하게 하여 사물들을 마주하면, 비록 학문을 하지 않았다 하더라도 덕스러운 군자라고 할 수 있다.

定心應物 雖不讀書 可以爲有德君子
정심응물 수부독서 가이위유덕군자

定 정할 정	應 응할 응	物 사물 물	雖 비록 수
讀 읽을 독	書 글 서	德 덕 덕	
可以爲 : ~라고 할 수 있다			

'근사록'에 다음과 같은 말이 있다. "분함을 누르기를 불 끄듯이 하고, 욕심 막아내기를 물 막듯이 하라."

近思錄云 懲忿 如救火 窒慾 如防水
근사록운 징분 여구화 질욕 여방수

近 가까울 근	思 생각 사	錄 기록할 록	云 이를 운
懲 징계할 징	忿 분할 분	如 같을 여	救 불끌 구
窒 막을 질	慾 욕심 욕	防 막을 방	

救火 : 불을 끄다
防水 : 물을 막다

'이견지'에 다음과 같은 말이 있다. "아름다운 여자 피하기를 원수 피하는 것 같이 하고, 바람 피하는 것은 화살 피하듯 하며, 빈속에 차를 마시지 말고, 밤에 음식을 적게 먹어라."

夷堅志云 避色 如避讐 避風 如避箭 莫喫空心茶 少食中夜飯
이견지운 피색 여피수 피풍 여피전 막끽공심다 소식중야반

夷 오랑캐 이　堅 굳을 견　志 뜻, 기록할 지
避 피할 피　色 색 색　讐 원수 수　箭 화살 전
莫 ~하지 말라 막　喫 먹을 끽　空 빌 공
茶 차 다　少 적을 소　食 먹을 식　飯 밥 반
避色 : 아름다운 여자를 피하다

순자께서 말씀하셨다. "소용없는 따짐이나 급하지 않은 일은 던져두고 처리하지 말라."

荀子曰 無用之辯 不急之察 棄而勿治
순자왈 무용지변 불급지찰 기이물치

荀 성 순	用 쓸 용	辯 말씀 변	急 급할 급
察 살필 찰	棄 버릴 기	勿 말 물	治 다스릴 치

荀子 : 중국 전국 시대의 유학자
無用之辯 : 소용없는 따짐
不急之察 : 급하지 않은 일
勿治 : 처리하지 말라

공자께서 말씀하셨다. "많은 사람이 좋아하더라도 반드시 살피고, 많은 사람이 싫어하더라도 반드시 살펴라."

子曰 衆好之 必察焉 衆惡之 必察焉
자왈 중호지 필찰언 중오지 필찰언

衆 무리 중	好 좋아할 호	必 반드시 필	察 살필 찰
焉 어조사 언	惡 미워할 오		
好之 : 좋아하다		惡之 : 미워하다	

술에 취하였어도 말이 적은 사람은 진실로 군자이며, 재물 문제에 분명한 사람은 대장부이다.

酒中不語 眞君子 財上分明 大丈夫
주중불어 진군자 재상분명 대장부

酒 술 주	語 말씀 어	眞 진실로 진	財 재물 재
分 나눌 분	明 밝을 명	丈 어른 장	夫 사내 부

모든 일을 관대하게 처리하면 복이 저절로 두터워진다.

萬事從寬 其福自厚
만사종관 기복자후

萬 일만 만	事 일 사	從 좇을 종	寬 너그러울 관
福 복 복	自 저절로 자	厚 두터울 후	

萬事 : 모든 일

태공께서 말씀하셨다. "다른 사람들을 평가하고자 한다면 먼저 반드시 자신을 평가하여야 한다. 다른 사람들 마음을 아프게 하는 말은 돌아와 자기 자신을 아프게 할 것이니, 피를 입에 머금어 다른 사람에게 뱉으면 자신의 입이 먼저 피로 물든다."

太公曰 欲量他人 先須自量 傷人之語 還是自傷 含血噴人 先污其口
태공왈 욕량타인 선수자량 상인지어 환시자상 함혈분인 선오기구

欲 하고자할 욕	量 헤아릴 량	他 남 타	須 마땅히 수
量 헤아릴 량	傷 상처 상	還 도리어 환	自 자기 자
含 머금을 함	噴 뿜을 분	污 더러울 오	

傷人之語 : 다른 사람의 마음을 아프게 하는 말

단순히 즐기기만 하는 것은 이로움이 없고, 오로지 성실함만이 일을 이룰 수 있다.

凡戲無益 惟勤有功
범희무익 유근유공

凡 무릇 범	戱 희롱할 희	無 없을 무	益 이로울 익
惟 오직 유	勤 부지런할 근	有 있을 유	功 공 공

태공께서 말씀하셨다. "다른 사람의 오이 밭에 신발을 들여 놓지 않고, 자두나무 아래에서 갓을 고쳐 쓰지 않는다."

太公曰 瓜田 不納履 李下 不整冠
태공왈 과전 불납리 이하 부정관

瓜 오이 과	田 밭 전	納 들일 납	履 신 리
李 자두나무 리	下 아래 하	整 가지런할 정	冠 갓 관

'경행록'에 다음과 같은 말이 있습니다. "마음은 편안하게 하더라도 몸은 수고롭게 하고, 도는 즐기더라도 육신은 피곤하여야 한다. 몸이 부지런하지 않으면 나태하게 되어 일을 그르치기 쉽고, 육신이 피곤하지 않으면 거칠고 음탕하게 되어 불안정하게 된다. 그러므로 안락함은 노동에서 비롯되어 항상 여유롭고 즐거움은 피곤함에서 비롯되어 싫증나지 않는 것이니, 편안하고 즐거운 사람이 수고로움과 피곤함을 잊을 수 있겠는가?

景行錄曰 心可逸 形不可不勞 道可樂 身不可不憂 形不勞則
경행록왈 심가일 형불가불로 도가락 신불가불우 형불로즉
怠惰易弊 身不憂則荒淫不定 故 逸生於勞而常休 樂生於憂而
태타이폐 신불우즉황음부정 고 일생어로이상휴 낙생어우이
無厭 逸樂者憂勞 其可忘乎
무염 일락자우로 기가망호

逸 편안할 일　形 모양, 육체 형　勞 수고로울 로　道 도리 도
樂 즐길 락　憂 근심 우　怠 게으를 태　惰 게으를 타
易 쉬울 이　弊 폐단 폐　荒 거칠 황　淫 음란할 음
常 떳떳할, 항상 상　休 쉴, 아름다울 휴
厭 싫을 염　忘 잊을 망　乎 어조사 호
不可不 : ~하지 않을 수 없다
其可忘乎 : 어찌 잊을 수 있겠는가?

귀로는 다른 사람의 잘못된 것을 듣지 말고, 눈으로는 다른 사람의 결점을 보지 말고, 입으로는 다른 사람의 잘못을 말하지 않아야 군자라고 할 수 있다.

耳不聞人之非 目不視人之短 口不言人之過 庶幾君子
이불문인지비 목불시인지단 구불언인지과 서기군자

耳 귀 이　　聞 들을 문　　非 아닐 비　　目 눈 목
視 볼 시　　短 잘못 단　　過 허물 과　　庶 거의 서
幾 몇, 거의 기
人之非 : 다른 사람의 잘못
人之短 : 다른 사람의 단점, 결점
人之過 : 다른 사람의 허물, 잘못

채백개께서 말씀하셨다. "기쁨과 성냄은 가슴 속에 위치하는 것이고, 말이라는 것은 입에서 밖으로 내는 것이니 조심하지 않으면 안 된다."

蔡伯喈曰 喜怒在心 言出於口 不可不愼
채백개왈 희노재심 언출어구 불가불신

蔡 나라 채　伯 맏 백　喈 새소리 개　喜 기쁠 희
怒 성낼 노　在 있을 재　出 나올 출　於 어조사 어
愼 삼갈 신
蔡伯喈 : 중국 후한의 학자이자 문인, 서예가.

재여가 낮에 잠을 자고 있는 것을 보시고 공자께서 말씀 하셨다. "썩은 나무는 다듬을 수 없고, 썩은 흙으로 된 담장은 흙손으로 다듬을 수 없다."

宰予晝寢 子曰 朽木不可雕也 糞土之墻不可杇也
재여주침 자왈 후목불가조야 분토지장불가오야

宰 재상 재　予 나 여　晝 낮 주　寢 잘 침
朽 썩을 후　雕 다듬을 조　也 어조사 야　糞 똥 분
墻 담 장　杇 흙손 오
宰予 : 춘추시대 말기 노나라 사람. 공자의 제자로 언어에 뛰어났다.

'자허원군성유심문'에 다음과 같은 말이 있습니다.

"복은 청렴하고 검소함에서 비롯되고, 덕은 겸손하고 사양함에서 비롯되며, 도는 안정됨에서 비롯되고, 명은 화창함에서 비롯된다. 걱정은 과욕에서 비롯되고, 재앙은 많이 탐욕에서 비롯되며, 잘못은 경솔하고 교만함에서 비롯되고, 죄는 착하지 못한 데서 비롯된다.

보는 것을 조심하여 타인의 잘못된 것을 보지 말고, 말하는 것을 조심하여 타인의 단점을 말하지 말고, 마음을 조심하여 스스로 탐욕과 성냄을 부리지 말고, 육신을 조심하여 나쁜 동료를 따르지 말라. 쓸데없는 말을 제멋대로 말하지 말고, 자신과 상관없는 일을 마음대로 하지 말며, 군주를 받들고 부모에게 효도하며, 윗사람을 존경하고 덕 있는 사람을 받들며, 재주 있는 사람과 어리석은 사람을 구별하고 지식이 없는 사람을 배려하라. 상황이 이치에 맞게 오는 것은 거절하지 말고, 상황이 끝난 것은 따라가지 말며, 자신이 아직 좋은 시기를 만나지 않았어도 바라지 말고, 지나간 일은 생각하지 말라.

총명하여도 모를 때가 많고, 따져서 하여도 편의를 잃는다. 다른 사람을 손해나게 하면 결국은 자신도 손해를 보게 될 것이요, 세력을 쫓아 행동하면 재앙이 따라다니게 된다.

조심해야 되는 것은 마음이고, 지켜내야 하는 것은 기운이다. 절약하지 않으면 집안이 망하고 청렴하지 않으면 자리를 잃게 된다.

자네에게 일생에 조심해야 할 것들을 권하노니, 탄식하고 놀랍고 조심스러운 것들이다. 위로는 하늘이 비추며 그대를 굽어보고, 아래로는 땅의 신들이 살피고 있다. 밝은 곳에서는 왕의 다스림이 이어지고, 어두운 곳에서는 귀신들이 따르고 있다. 오직 바른 것만을 지켜 스스로의 마음을 속이지 말고, 조심하고 조심하라."

紫虛元君誠諭心文曰
자허원군성유심문왈

福生於淸儉 德生於卑退 道生於安靜 命生於和暢
복생어청검 덕생어비퇴 도생어안정 명생어화창

患生於多慾 禍生於多貪 過生於輕慢 罪生於不仁
환생어다욕 화생어다탐 과생어경만 죄생어불인

戒眼 莫看他非 戒口 莫談他短 戒心 莫自貪嗔 戒身 莫隨惡伴
계안 막간타비 계구 막담타단 계심 막자탐진 계신 막수악반

無益之言莫妄說 不干己事莫妄爲
무익지언막망설 불간기사막망위

尊君王孝父母 敬尊長奉有德 別賢愚恕無識
존군왕효부모 경존장봉유덕 별현우서무식

物順來而勿拒 物旣去而勿追 身未遇而勿望 事已過而勿思
물순래이물거 물기거이물추 신미우이물망 사이과이물사

聰明多暗昧 算計失便宜 損人終自失 依勢禍相隨
총명다암매 산계실편의 손인종자실 의세화상수

戒之在心 守之在氣 爲不節而亡家 因不廉而失位
계지재심 수지재기 위부절이망가 인불염이실위

勸君自警於平生 可歎可驚而可畏
권군자경어평생 가탄가경이가외

上臨之以天鑑 下察之以地祇 明有王法相繼 暗有鬼神相隨
상임지이천감 하찰지이지기 명유왕법상계 암유귀신상수

惟正可守 心不可欺 戒之戒之
유정가수 심불가기 계지계지

紫 붉을 자	虛 빌 허	誠 정성 성	諭 고할 유
福 복 복	淸 맑을 청	儉 검소할 검	德 덕 덕
卑 낮을 비	退 물러날 퇴	道 도리 도	安 편안할 안
靜 고요할 정	命 목숨 명	和 화할 화	暢 화창할 창
患 근심 환	慾 욕심 욕	禍 재앙 화	貪 탐할 탐
慢 거만할 만	罪 허물 죄	戒 경계할 계	眼 눈 안
莫 ~말라 막	看 볼 간	他 남 타	談 말씀 담
嗔 성낼 진	隨 따를 수	伴 짝 반	妄 망령될 망
說 말씀 설	干 간여할 간	尊 높을 존	奉 받들 봉
別 구별할 별	賢 어질 현	愚 어리석을 우	恕 용서할 서
識 알 식	勿 말 물	拒 막을 거	追 좇을 추
遇 만날 우	望 바랄 망	已 이미 이	過 지날 과
聰 귀 밝을 총	暗 어두울 암	昧 어두울 매	廉 청렴할 렴
勸 권할 권	警 경계할 경	歎 탄식할 탄	驚 놀랄 경
畏 두려울 외	臨 임할 림	鑑 거울 감	察 살필 찰
祇 땅귀신 기	繼 이을 계	鬼 귀신 귀	隨 따를 수
欺 속일 기	戒 경계할 계		

淸儉 : 청렴하고 검소함

卑退 : 겸손하고 사양함

輕慢 : 경솔하고 교만함

惡伴 : 나쁜 동료

無益之言 : 쓸데없는 말

不干己事 : 자신과 상관없는 일

物順來 : 상황이 이치에 맞게 오는 것

物旣去 : 상황이 끝난 것

安分篇

안 분 편

'경행록'에 다음과 같은 말이 있다. "만족하면 즐겁고, 욕심내면 걱정하게 된다."

景行錄云 知足可樂 務貪則憂

경행록운 지족가락 무탐즉우

知 알지	足 발, 만족할 족	可 가히 가	樂 즐길 락
務 힘쓸 무	貪 탐낼 탐	則 곧, ~면 즉	憂 근심 우

만족을 아는 사람들은 가난하고 천하여도 즐겁고, 만족을 모르는 사람들은 부유하고 귀하여도 근심한다.

知足者 貧賤亦樂 不知足者 富貴亦憂
지족자 빈천역락 부지족자 부귀역우

知 알지	足 만족할 족	者 놈, 사람 자	貧 가난할 빈
賤 천할 천	亦 또 역	富 부유할 부	貴 귀할 귀
憂 근심할 우			

너무 많은 생각은 정신을 상하게 할 뿐이고, 제 멋대로 하는 행동은 재앙에 도달하게 된다.

濫想 徒傷神 妄動 反致禍
남상 도상신 망동 반치화

濫 넘칠 람	想 생각할 상	徒 한갓 도	傷 상할 상
神 정신 신	妄 망령될 망	動 움직일 동	反 도리어 반
致 보낼, 다다를 치		禍 재앙 화	

만족하는 것을 알아 일상을 만족스러워 하면 죽을 때까지 욕되지 아니하고, 그치는 것을 알아 일상에서 잘 그치면 죽을 때까지 부끄러움이 없다.

知足常足 終身不辱 知止常止 終身無恥
지족상족 종신불욕 지지상지 종신무치

足 만족할 족 常 항상 상 終 마칠 종 辱 욕될 욕
止 그칠 지 無 없을 무 恥 부끄러울 치
知足 : 만족하는 것을 알다
常足 : 일상을 만족스러워하다
終身 : 죽을 때

‘서경’에 다음과 같은 말이 있다. “가득하게 되면 덜어내게 되고 겸손하게 되면 이익을 받는다.”

書曰 滿招損 謙受益
서왈 만초손 겸수익

曰 가로되 왈　滿 가득할 만　招 부를 초　損 덜 손
謙 겸손 겸　受 받을 수　益 이로울 익
書經(서경) : 유교의 오경(五經)중의 하나. 58편이며 상서(尙書)라고도 한다. 당시의 사관과 사신이 기록한 것을 공자가 편찬했다고 하며, 고대의 역사적 사실이나 사상을 이해하는데 중요한 책이다.

'안분음'에 다음과 같은 말이 있다. "분수를 지켜 편안하게 지내면 자신에게 욕됨이 없고, 일의 사정을 잘 파악하면 마음이 저절로 한가하게 될 것이니 그렇게 되면 비록 인간 세상에서 생활하고 있으나 인간 세상을 초월한 것이다."

安分吟曰 安分身無辱 知幾心自閑 雖居人世上 却是出人間
안분음왈 안분신무욕 지기심자한 수거인세상 각시출인간

安 편안할 안	分 나눌 분	吟 읊을 음	曰 가로되 왈
身 몸 신	辱 욕될 욕	知 알 지	幾 기미 기
自 저절로 자	閑 한가할 한	雖 비록 수	却 물리칠 각

安分 : 분수를 지켜 편안하게 지내다
知幾 : 일의 사전을 잘 파악하다

공자께서 말씀하셨다. "그 자리에 있지 않으면, 그 일을 돌보지 않는다."

子曰 不在其位 不謀其政
자왈 부재기위 불모기정

在 있을 재	位 자리 위	謀 꾀할, 도모할 모	政 정사 정

存心篇

존 심 편

'경행록'에 다음과 같은 말이 있습니다. "가리워진 방에 혼자 앉아있어도 사거리 가운데 앉아 있는 것처럼 조심하고, 작은 마음을 운영하기를 여섯 필의 말을 조종하는 것 같이 한다면 잘못되는 것을 면할 수 있다."

景行錄云 坐密室 如通衢 馭寸心 如六馬 可免過
경행록운 좌밀실 여통구 어촌심 여육마 가면과

坐 앉을 좌　密 은밀할 밀　室 집, 방 실　如 같을 여
通 통할 통　衢 거리 구　馭 말을 부릴, 조종할 어
寸 마디 촌　免 면할 면　過 허물 과

'격양시'에 다음과 같은 내용이 있다. "부유하고 귀하게 되는 것을 지혜로움의 힘으로 가질 수 있다면, 공자께서도 어린 나이에 제후에 봉해졌을 것이다. 사람들은 저 하늘의 뜻을 이해하지 못하고, 헛되이 몸과 마음으로 온 밤을 근심한다."

擊壤詩云 富貴 如將智力求 仲尼 年少合封侯 世人 不解靑天意 空使身 心半夜愁
격양시운 부귀 여장지력구 중니 년소합봉후 세인 불해청천의 공사신 심반야수

擊 칠 격	壤 흙덩이 양	富 부유할 부	貴 귀할 귀
將 가질, ~써 장		智 지혜 지	求 구할 구
仲 버금 중	尼 여승 니	年 나이 년	封 봉할 봉
侯 임금 후	解 이해할 해	使 하여금 사	愁 근심할 수

범충선공이 그의 자식들에게 다음과 같은 말로 훈계하였다. "사람이 많이 어리석어도 다른 사람을 나무라는 일은 밝게 하고, 비록 총명하더라도 자신을 용서하는 일에는 어둡다. 너희는 다른 사람을 책망하는 마음으로 항상 자신을 나무라고, 자신을 용서하여 주는 마음으로 다른 사람을 용서한다면, 성인의 지위에 도달할 것이다."

范忠宣公 戒子弟曰 人雖至愚 責人則明 雖有聰明 恕己則昏
범충선공 계자제왈 인수지우 책인즉명 수유총명 서기즉혼
爾曹 但常以責人之心 責己 恕己之心 恕人 則不患不到聖賢
이조 단상이책인지심 책기 서기지심 서인 즉불환부도성현
地位也
지위야

范 성 범	忠 충성 충	宣 펼 선	戒 경계 계
雖 비록 수	愚 어리석을 우	責 책할 책	聰 귀 밝을 총
恕 용서할 서	昏 어두울 혼	爾 너 이	曹 무리 조
但 다만 단	常 항상 상	患 근심 환	到 이를 도
聖 성인 성	賢 어질 현		

爾曹 : 너희들
責人之心 : 남을 책망하는 마음
恕己之心 : 자기를 용서하는 마음

공자께서 말씀하셨다. "총명하고 지혜롭더라도 어리석은 것 같이 하여 자신을 보호하고, 이룩한 공이 세상을 덮어도 사양함으로서 자신을 보호하고, 용맹으로 세상을 흔들었다 하더라도 조심함으로서 자신을 보호하고, 온 세상을 차지할 정도로 부유하여도 겸손함으로서 자신을 보호하여야 한다."

子曰 聰明思睿 守之以愚 功被天下 守之以讓 勇力振世 守之
자왈 총명사예 수지이우 공피천하 수지이양 용력진세 수지
以怯 富有四海 守之以謙
이겁 부유사해 수지이겸

聰 귀 밝을 총	明 밝을 명	思 생각 사	睿 밝을 예
守 지킬 수	愚 어리석을 우	功 공 공	被 입을 피
讓 사양할 사	勇 용맹 용	振 떨칠 진	怯 겁낼 겁
富 부유할 부	謙 겸손할 겸		

思睿 : 지혜롭다
振世 : 세상을 흔들다
四海 : 온 세상

‘소서’에 다음과 같은 말씀이 있습니다. “조금 베풀고 많이 바라는 사람에게는 돌아옴이 없고, 귀한 신분이 되었다하여 천하였던 시절을 잊어버리는 사람은 오래 유지하지 못한다.”

素書云 薄施厚望者 不報 貴而忘賤者 不久
소서운 박시후망자 불보 귀이망천자 불구

素 흴 소	云 이를 운	薄 박할 박	施 베플 시
厚 두터울 후	望 바랄 망	者 놈, 사람 자	報 갚을 보
貴 귀할 귀	忘 잊을 망	賤 천할 천	久 오랠 구

薄施 : 조금 베풀다
厚望 : 많이 바라다
忘賤 : 천하였던 시절을 잊어버리다

은혜를 베풀 때에는 돌아옴을 바라지 말고, 다른 사람에게 주었으면 돌아보지 말라.

施恩 勿求報 與人 勿追悔
시은 물구보 여인 물추회

施 베풀 시	恩 은혜 은	勿 말 물	求 구할 구
報 갚을 보	與 줄 여	追 쫓을 추	悔 뉘우칠 회

與人 : 다른 사람에게 주다

손사막께서 말씀하셨다. "큰 마음을 지니면서도 그 마음 작용은 세밀하게 하고, 아는 것은 원만하게 하면서도 행동은 반듯하게 하라."

孫思邈曰 膽欲大而心欲小 知欲圓而行欲方
손사막왈 담욕대이심욕소 지욕원이행욕방

孫 손자 손	邈 멀 막	膽 쓸개 담	欲 하고자할 욕
知 알 지	圓 둥글 원	行 행할 행	方 모 방

孫思邈 : 중국 당나라의 의학자.

行欲方 : 행동은 반듯하게 하다

매일 매일 모든 생각을 조심하여 전쟁하는 날처럼 하고, 모든 마음 씀씀이를 항상 외나무다리 건널 때와 같이 하라.

念念要如臨戰日 心心常似過橋時
염염요여임전일 심심상사과교시

念 생각할 념	要 요구할 요	如 같을 여	臨 임할 임
戰 싸울 전	常 항상 상	似 같을 사	過 지날 과
橋 다리 교	時 때 시		

過橋 : 다리를 지나다

법을 두려워하여 조심해서 행동하면 아침마다 기쁠 것이며, 공적인 일을 속이면 매일 걱정할 것이다.

懼法朝朝樂 欺公日日憂
구법조조락 기공일일우

懼 두려울 구	法 법 법	朝 아침 조	樂 즐길 락
欺 속일 기	公 공적일 공	憂 근심할 우	

주문공께서 말씀하셨다. "말조심하기를 병의 입구를 막는 것 같이 하고, 뜻을 지켜내기를 성을 지키듯 하라."

朱文公曰 守口如甁 防意如城
주문공왈 수구여병 방의여성

朱 붉을 주　守 지킬 수　如 같을 여　甁 병 병
防 막을 방　意 뜻 의　城 성 성
守口 : 말조심하다
防意 : 뜻을 지키다

마음으로 다른 사람을 배신하지 않으면 얼굴에 부끄러운 기색이 없다.

心不負人 面無慙色
심불부인 면무참색

心 마음 심　不 아닐 불　負 저버릴 부　人 다른 사람 인
面 얼굴 면　無 없을 무　慙 부끄러울 참　色 기색 색

사람이 백 년을 사는 사람도 없는데 허망하게 천 년의 계획을 만든다.

人無百歲人 枉作千年計
인무백세인 왕작천년계

無 없을 무	百 일백 백	歲 해 세	枉 굽을 왕
作 지을 작	千 일천 천	年 해 년	計 계획할 계

枉 : 허망하게

'구래공육회명'에 다음과 같은 말씀이 있다. "관직에 있는 사람이 사사롭게 옳지 않은 일을 하게 되면 관직에서 물러날 때 후회하게 되고, 부유한 사람이 검소하게 쓰지 않으면 가난하게 되었을 때 후회하고, 기예는 어릴 때 익히지 않으면 나중에 후회하고, 일을 배울 수 있을 때 배우지 않으면 필요할 때 후회하고, 취하여 함부로 한 말은 깨어났을 때 후회하고, 건강할 때 조절하지 않으면 병들어 후회한다."

寇萊公六悔銘云 官行私曲失時悔 富不儉用貧時悔 藝不少學
구래공육회명운 관행사곡실시회 부불검용빈시회 예불소학
過時悔 見事不學用時悔 醉後狂言醒時悔 安不將息病時悔
과시회 견사불학용시회 취후광언성시회 안부장식병시회

寇 도둑, 성 구	萊 쑥 래	悔 뉘우칠 회	銘 새길 명
云 이를 운	官 벼슬 관	私 사사로울 사	曲 굽을 곡
失 잃을 실	富 부유할 부	儉 검소할 검	用 쓸 용
貧 가난할 빈	藝 재주 예	過 지날 과	醉 취할 취
狂 미칠 광	醒 깰 성	將 기를 장	息 쉴 식

失時 : 물러날 때
貧時 : 가난하게 되었을 때
過時 : 나중에
用時 : 필요한 때
醒時 : 술에서 깨었을 때
病時 : 병들었을 때

'익지서'에 다음과 같은 말이 있습니다. "나쁜 일 없이 가난한 가정으로 생활할지언정 나쁜 일 있는 부유한 집은 되지 말며, 나쁜 일 없이 초가집에서 거주할지언정 나쁜 일 가지고 좋은 집에서 살지 말며, 건강하게 거친 밥을 먹을지언정 병들어 좋은 약을 먹지 말라."

益智書云 寧無事而家貧 莫有事而家富 寧無事而住茅屋 不有
익지서운 영무사이가빈 막유사이가부 영무사이주모옥 불유
事而住金屋 寧無病而食麁飯 不有病而服良藥
사이주금옥 영무병이식추반 불유병이복양약

益 더할 익	智 지혜 지	寧 차라리 녕	事 일 사
貧 가난할 빈	莫 말 막	住 머무를 주	茅 띠 모
屋 집 옥	病 질병 병	麁 거칠 추	飯 밥 반
服 입을 복	良 좋을 량	藥 약 약	

寧~ 莫… : 차라리 ~할지언정 …하지 말라
茅屋 : 초가집
金屋 : 좋은 집

마음이 조용하면 초가집도 편안하고, 성정이 한결 같으면 채소국도 향기롭다.

心安茅屋穩 性定菜羹香
심안모옥온 성정채갱향

心 마음 심	安 편안할 안	茅 띠 모	屋 집 옥
穩 편안할 온	性 성품 성	定 정할 정	菜 나물 채
羹 국 갱	香 향기 향		

'경행록'에 다음과 같은 말씀이 있다. "다른 사람을 비난하는 사람은 사귐이 불완전하고, 스스로를 합리화 하는 사람은 잘못을 고치지 못한다."

景行錄云 責人者 不全交 自恕者 不改過
경행록운 책인자 부전교 자서자 불개과

責 꾸짖을 책	者 놈, 사람 자	全 온전할 전	交 사귈 교
自 스스로 자	恕 용서할 서	改 고칠 개	過 허물 과

責人 : 남을 비난하다
自恕 : 스스로 합리화하다

일찍 일어나고 늦게 자면서 충과 효를 생각하는 사람은 다른 사람이 알아주지 않아도 하늘이 반드시 그를 알아줄 것이요, 배부르고 따뜻하여 편안하게 자신만 살피는 사람은 자신은 편안하겠으나 그 자손들은 어떻게 될까?

夙興夜寐 所思忠孝者 人不知 天必知之 飽食煖衣 怡然自衛
숙흥야매 소사충효자 인부지 천필지지 포식난의 이연자위
者 身雖安 其如子孫何
자 신수안 기여자손하

夙 일찍 숙	興 일어날 흥	夜 밤 야	寐 잘 매
所 바 소	思 생각 사	忠 충성 충	孝 효도 효
知 알지	飽 배부를 포	食 먹을 식	煖 따뜻할 난
衣 옷 의	怡 화할 이	衛 호위할 위	雖 비록 수

人不知 : 다른 사람이 알아주지 않다
自衛者 : 자신만 살피는 사람

처자식을 아끼는 마음으로 부모를 모시면 그 효가 지극할 것이요, 부귀를 지키려는 마음으로 임금을 섬긴다면 가는 곳마다 충성하지 않음이 없을 것이요, 다른 사람을 꾸짖는 마음으로 자신을 꾸짖으면 잘못이 적을 것이요, 자신을 합리화하는 마음으로 다른 사람에게 배려한다면 다른 사람들과의 관계를 잘 할 수 있을 것이다.

以愛妻子之心 事親則曲盡其孝 以保富貴之心 奉君則無往不
이애처자지심 사친즉곡진기효 이보부귀지심 봉군즉무왕불
忠 以責人之心 責己則寡過 以恕己之心 恕人則全交
충 이책인지심 책기즉과과 이서기지심 서인즉전교

以 ~써 이	愛 사랑, 아낄 애	妻 아내 처	子 자식 자
事 섬길 사	親 어버이 친	則 곧 즉	曲 곡진할 곡
盡 다할 진	保 보호할 보	富 부유할 부	貴 귀할 귀
奉 받들 봉	君 임금 군	往 갈 왕	忠 충성 충
責 꾸짖을 책	寡 적을 과	過 잘못 과	恕 용서할 서
交 사귈 교			

無往不忠 : 가는 곳마다 충성하지 않음이 없다.

네가 한 일이 착하지 않았다면 그것을 후회하여도 어찌 되돌릴 수 있겠으며, 너의 견해가 바르지 않다면 교육을 하여도 무슨 도움이 되겠는가? 이익만을 생각하는 마음은 도에 위배되고, 사사로운 생각만 한다면 사회적 관계를 사라지게 할 것이다.

爾謀不臧 悔之何及 爾見不長 敎之何益 利心專則背道 私意確則滅公
이모부장 회지하급 이견부장 교지하익 이심전즉배도 사의확즉멸공

爾 너 이	謀 꾀 모	臧 좋을 장	悔 뉘우칠 회
何 어찌 하	及 미칠 급	見 볼 견	敎 가르칠 교
益 이로울 익	利 이익 리	專 오로지 전	背 등질 배
私 사사로울 사	意 뜻 의	確 굳을 확	滅 멸망할 멸

일을 만들면 일이 생기고, 일을 없애면 일이 없어진다.

生事事生 省事事省
생사사생 성사사성

生 날 생	事 일 사	省 덜 생

戒性篇

계 성 편

'경행록'에 다음과 같은 말이 있습니다. "인성은 물과 같으니 물이 한 번 쏟아지면 돌이킬 수 없고 인성이 한 번 흐트러지면 회복 할 수 없으니, 물의 관리는 반드시 제방으로 하고 인성의 관리는 반드시 예로써 하여야 한다."

景行錄云 人性如水 水一傾則不可復 性一縱則不可反 制水者
경행록운 인성여수 수일경즉불가복 성일종즉불가반 제수자
必以堤防 制性者 必以禮法
필이제방 제성자 필이예법

景 빛 경	錄 기록할 록	性 성품 성	如 같을 여
傾 기울어질 경	復 회복할 복	縱 풀어놓을 종	反 돌아올 반
制 억제할 제	必 반드시 필	堤 둑 제	防 막을 방

순간의 분함을 참으면 백일의 걱정거리를 없앤다.

忍一時之忿 免百日之憂
인일시지분 면백일지우

忍 참을 인　　時 때 시　　忿 분할 분　　免 면할 면
百 일백 백　　憂 근심 우
一時之忿 : 순간의 분함

참을 수 있는데 까지 참고, 조심할 수 있는데 까지 조심하라. 참지도 조심하지도 않으면 작은 일을 크게 만들게 된다.

得忍且忍 得戒且戒 不忍不戒 小事成大
득인차인 득계차계 불인불계 소사성대

得 이루어질 득　　忍 참을 인　　且 또 차　　戒 경계할 계
小 작을 소　　事 일 사　　成 이룰 성

우매하고 멍청한 사람이 화를 내는 것은 모두 이치를 모르기 때문이다. 마음에 화를 담아 머물게 하지 말고 단지 귀를 지나는 바람으로 생각하라. 장단점은 집집마다 있고 좋고 나쁨은 모든 곳이 같다. 옳고 그른 것은 실체가 없어서 결국에는 모두 헛것이 된다.

愚濁生嗔怒 皆因理不通 休添心上火 只作耳邊風 長短家家有
우탁생진노 개인리불통 휴첨심상화 지작이변풍 장단가가유
炎涼處處同 是非無實相 究竟摠成空
염량처처동 시비무실상 구경총성공

愚 어리석을 우	濁 흐릴 탁	嗔 성낼 진	怒 성낼 노
皆 모두 개	因 인할 인	理 이치 리	通 통할 통
休 쉴 휴	添 더할 첨	邊 가 변	風 바람 풍
長 장점 장	短 단점 단	炎 더울 염	涼 서늘할 량
處 살, 곳 처	究 궁구할 구	竟 다할 경	摠 다 총

休添 : 머물게 하지 말라
炎涼 : 좋고 나쁨
是非 : 옳고 그름
究竟 : 결국

자장이 떠나고 싶어 공자에게 이별인사를 하면서 다음과 같이 말씀하였다. "몸을 수양하여 아름답게 할 수 있는 말씀을 부탁드립니다." 공자께서 대답하셨다. "모든 행동의 근본은 참는 것이 최고입니다." 자장께서 말씀하셨다. "어떻게 하는 것이 참는 것입니까?" 공자께서 말씀하셨다. "황제가 참으면 국가에 해로움이 사라지고, 제후가 참으면 큰 나라를 세우고, 관리가 참으면 지위가 올라가고, 형제가 참으면 집안이 부귀해지고, 부부가 참으면 평생을 같이 하고, 친구 사이에 참으면 이름이 지워지지 않고, 스스로 참으면 재앙이나 해로움이 없다."

子張 欲行 辭於夫子 願賜一言爲修身之美
자장 욕행 사어부자 원사일언위수신지미
子曰 百行之本 忍之爲上 子張曰 何爲忍之
자왈 백행지본 인지위상 자장왈 하위인지
子曰 天子忍之 國無害 諸侯忍之 成其大 官吏忍之 進其位
자왈 천자인지 국무해 제후인지 성기대 관리인지 진기위
兄弟忍之 家富貴 夫妻忍之 終其世 朋友忍之 名不廢 自身忍之 無禍害
형제인지 가부귀 부처인지 종기세 붕우인지 명불폐 자신인지 무화해

張 베풀 장	欲 하고자할 욕	辭 하직할 사	於 어조사 어
願 원할 원	賜 줄 사	修 닦을 수	忍 참을 인
害 해칠 해	諸 모두 제	侯 제후 후	官 벼슬 관
吏 아전 리	位 지위 위	終 마칠 종	朋 벗 붕
友 벗 우	名 이름 명	廢 폐할 폐	禍 재화 화

百行之本 : 모든 행동의 근본

자장께서 말씀하셨다. “참지 않으면 어떻습니까?” 공자께서 말씀하셨다. “황제가 참지 않으면 나라가 공허해 지고, 제후가 참지 않으면 그 몸이 죽게 되고, 관리가 참지 않으면 형벌과 법이 그를 죽이고, 형제가 참지 않으면 따로 헤어져 살게 되고, 부부가 참지 않으면 자식들이 고아가 되고, 친구끼리 참지 않으면 정이 멀어지고, 스스로 참지 않으면 근심이 사라지지 않는다.” 자장께서 말씀하셨다. “훌륭하고 훌륭하도다. 어렵고도 어렵다 참는 것이여. 사람이 아니라면 참지 못하니, 참지 못하면 사람이 아니다.”

子張曰 不忍則如何
자장왈 불인즉여하
子曰 天子不忍 國空虛 諸侯不忍 喪其軀 官吏不忍 刑法誅
자왈 천자불인 국공허 제후불인 상기구 관리불인 형법주
兄弟不忍 各分居 夫妻不忍 令子孤 朋友不忍 情意疎
형제불인 각분거 부처불인 영자고 붕우불인 정의소
自身不忍 患不除
자신불인 환부제
子張曰 善哉善哉 難忍難忍 非人不忍 不忍非人
자장왈 선재선재 난인난인 비인불인 불인비인

忍 참을 인	空 빌 공	虛 빌 허	諸 모든 제
侯 제후 후	喪 잃을 상	軀 몸 구	刑 형벌 형
法 법 법	誅 벨 주	各 각각 각	分 나눌 분
妻 아내 처	令 하여금 령	孤 외로울 고	疎 성길 소
患 근심 환	除 덜 제	哉 어조사 재	難 어려울 난

如何 : 어떠합니까?

各分居 : 따로 떨어져 살다

令子孤 : 자식이 고아가 되다

情意疎 : 정이 멀어지다

患不除 : 근심이 사라지지 않는다

善哉 : 훌륭하구나

‘경행록’에 다음과 같은 말이 있습니다. “자신을 낮추는 사람은 높은 지위에 있을 수 있고, 이기는 것을 좋아하는 사람은 반드시 적을 만난다.”

景行錄云 屈己者 能處重 好勝者 必遇敵
경행록운 굴기자 능처중 호승자 필우적

屈 굽힐 굴　己 자기 기　處 곳 처　重 중요할 중
好 좋을 호　勝 이길 승　必 반드시 필　遇 만날 우
敵 원수 적
處重 : 높은 지위에 있다
遇敵 : 적을 만나다

나쁜 사람이 선한 사람을 꾸짖으면 선한 사람은 모두 대응하지 마라. 대응하지 않는 사람의 마음은 맑고 한가롭고, 꾸짖는 자의 입은 불처럼 뜨겁다. 사람이 하늘 향해 침을 뱉으면 돌아와 자기 몸에 떨어지는 것과 똑같다.

惡人罵善人 善人摠不對 不對心淸閑 罵者口熱沸 正如人唾天 還從己身墜
악인매선인 선인총부대 부대심청한 매자구열비 정여인타천 환종기신추

惡 악할 악　罵 꾸짖을 매　善 착할 선　摠 모두 총
對 대답할 대　熱 더울 열　沸 끓을 비　唾 침뱉을 타
還 돌아올 환　從 좇을 종　墜 떨어질 추
不對 : 대응하지 마라
己身墜 : 자기 몸에 떨어지다

만약 내가 다른 사람에게 나쁜 말을 들어도 귀먹은 것처럼 따져 말하지 말라. 비유하자면 빈 공간에서 불이 타다가 끄지 않아도 저절로 꺼지는 것과 같다. 내 마음은 텅 빈 허공인데 모두가 너의 입술과 혀만 나불거리는 것이다.

我若被人罵 佯聾不分說 譬如火燒空 不救自然滅 我心等虛空 摠爾飜脣舌
아약피인매 양롱불분설 비여화소공 불구자연멸 아심등허공 총이번순설

我 나 아　若 만약 약　被 입을 피　罵 욕할 매
佯 거짓 양　聾 귀머거리 롱　分 분별할 분　說 말씀 설
譬 비유할 비　如 같을 여　燒 불탈 소　空 빌 공
救 불 끌 구　滅 멸할 멸　等 같을 등　虛 빌 허
摠 모두 총　爾 너 이　飜 뒤집힐 번　脣 입술 순
舌 혀 설
不分說 : 따져 말하지 말라
譬如 : (비유하면) ~와 같다

모든 일에 사람의 정을 남기면 뒤에 서로 즐겁게 만나게 된다.

凡事留人情 後來好相見

범사유인정 후래호상견

凡 무릇 범　事 일 사　留 남길 류　情 뜻 정
後 뒤 후　來 올 래　相 서로 상
凡事 : 모든 일
後來 : 뒤에, 나중에

勤學篇

근 학 편

자하께서 말씀하셨다. "넓게 배우고 뜻을 독실하게 하고, 절실하게 묻고 가까이에서 생각해 나가면 인이 그 가운데 있다."

子夏曰 博學而篤志 切問而近思 仁在其中矣
자하왈 박학이독지 절문이근사 인재기중의

夏 여름 하　博 넓을 박　篤 도타울 독　志 뜻 지
切 끊을 절　問 물을 문　近 가까울 근　思 생각 사
子夏 : 전국시대 위(衛)나라 사람으로 성은 복(卜), 이름은 상(尙)

장자께서 말씀하셨다. "사람이 배우지 않으면 하늘을 오르는데 기술이 없는 것과 같고, 배워서 지혜로움이 넓어지면 아름다운 구름을 열고 높은 하늘을 바라보며 높은 산에 올라 온 세상을 바라보는 것과 같다."

莊子曰 人之不學 如登天而無術
장자왈 인지불학 여등천이무술
學而智遠 如披祥雲而覩青天 登高山而望四海
학이지원 여피상운이도청천 등고산이망사해

學 배울 학　如 갈을 여　登 오를 등　術 꾀 술
智 지혜 지　遠 멀 원　披 헤칠 피　祥 상서 상
雲 구름 운　覩 볼 도　望 바랄 망
披祥雲 : 아름다운 구름을 열다
覩青天 : 높은 하늘을 바라보다
四海 : 온 세상

'예기'에 다음과 같은 말이 있습니다. "옥은 다듬지 않으면 그릇을 만들지 못하고, 사람은 배우지 않으면 도를 알지 못한다."

禮記曰 玉不琢 不成器 人不學 不知道
예기왈 옥불탁 불성기 인불학 부지도

禮 예도 례　記 기록할 기　玉 옥 옥　琢 쪼을 탁
成 이룰 성　器 그릇 기　知 알 지
不琢 : 다듬지 않다

태공께서 말씀하셨다. "사람이 태어나 배우지 않으면 그 어두움이 밤길을 가는 것과 같다."

太公曰 人生不學 冥冥如夜行
태공왈 인생불학 명명여야행

太 클 태　曰 가로되 왈　冥 어두울 명　如 같을 여

한문공께서 말씀하셨다. “사람이 과거와 현재의 일을 통달하지 못하면 말과 소에 사람의 옷만 걸친 것과 같다.”

韓文公曰 人不通古今 馬牛而襟裾
한문공왈 인불통고금 마우이금거

韓 한나라 한　通 통할 통　襟 옷깃 금　裾 옷섶 거
古今 : 과거와 현재

주 문공께서 다음과 같이 말씀하셨다. "만약 집이 가난하더라도 가난으로 학업을 포기하여서는 안 된다. 만약 집이 만약 부유하더라도 부유함을 믿고 학업을 게으르게 하면 안 된다. 가난한데에도 성실히 배운다면 몸을 일으킬 수 있고, 부유한데에도 성실히 배운다면 명성이 드러날 것이다. 배운 사람이 훌륭해지는 것만을 보았으며, 배운 사람이 이루지 못하는 것을 보지 못했다. 배움이라는 것은 곧 몸의 보배요, 배운 사람은 사회의 보배이다. 그러므로 배우면 군자가 되고 배우지 않으면 소인이 되는 것이니, 앞으로 배우는 사람들은 모두들 마땅히 힘써 배워야 한다."

朱文公曰 家若貧 不可因貧而廢學 家若富 不可恃富而怠學
주문공왈 가약빈 불가인빈이폐학 가약부 불가시부이태학
貧若勤學 可以立身 富若勤學 名乃光榮 惟見學者顯達 不見
빈약근학 가이립신 부약근학 명내광영 유견학자현달 불견
學者無成 學者 乃身之寶 學者 乃世之珍 是故 學則乃爲君子
학자무성 학자 내신지보 학자 내세지진 시고 학즉내위군자
不學則爲小人 後之學者 宜各勉之
불학즉위소인 후지학자 의각면지

朱 붉을 주　若 만약 약　貧 가난할 빈　因 인할 인
廢 폐할 폐　恃 믿을 시　怠 게으를 태　勤 부지런할 근
光 빛 광　榮 영화 영　惟 오직 유　顯 드러날 현
達 달할 달　珍 보배 진　宜 마땅히 의　勉 힘쓸 면
不可 : ~해서는 안된다
立身 : 몸을 일으키다

휘종황제께서 다음과 같이 말씀하셨다. "배운 사람은 귀한 곡식 같지만, 배우지 않은 사람은 쓸데없는 잡초 같다. 귀한 곡식 같음이여! 국가의 좋은 양식이요, 사회의 보물이로다. 쓸데없는 잡초 같음이여! 밭 갈고 김매는 사람이 미워하고 걱정스러워 한다. 어느 날 담장에 얼굴을 대한 듯 할 적에 뉘우친들 이미 늙어버렸다."

徽宗皇帝曰 學者如禾如稻 不學者如蒿如草
휘종황제왈 학자여화여도 불학자여호여초

如禾如稻兮 國之精糧 世之大寶
여화여도혜 국지정량 세지대보

如蒿如草兮 耕者憎嫌 鋤者煩惱
여호여초혜 경자증혐 서자번뇌

他日面墻 悔之已老
타일면장 회지이노

徽 아름다울 휘	禾 벼 화	稻 벼 도	蒿 쑥 호
兮 어조사 혜	精 좋을 정	糧 양식 량	寶 보배 보
憎 미워할 증	嫌 싫어할 혐	鋤 호미 서	煩 번거로울 번
惱 번뇌할 뇌	面 얼굴 면	墻 담 장	悔 뉘우칠 회
已 이미 이			

'논어'에 다음과 같은 말이 있습니다. "도달하지 못할 것 같이 배우고, 오로지 배움의 시기를 놓치지 않을까 걱정하라."

論語曰 學如不及 猶恐失之
논어왈 학여불급 유공실지

論 말할 론(논)	語 말씀 어	如 갈을 여	及 미칠 급
猶 오히려 유	恐 두려울 공	失 잃을 실	

訓子篇

훈 자 편

'경행록'에 다음과 같은 말이 있습니다. "손님이 방문하지 않으면 집안이 속되어지고 시경과 서경을 교육하지 않으면 자손들이 우매하게 된다."

景行錄云 賓客不來 門戶俗 詩書無敎 子孫愚
경행록운 빈객불래 문호속 시서무교 자손우

賓 손 빈	客 손 객	來 올 래	戶 문 호
俗 풍속 속	敎 가르칠 교	孫 손자 손	愚 어리석을 우

賓客 : 손님
門戶 : 집안

장자께서 말씀하셨다. “아무리 작은 일도 하지 않으면 이루어지지 않고, 아무리 현명한 자식이라도 교육하지 않으면 밝지 못하다.”

莊子曰 事雖小 不作不成 子雖賢 不敎不明
장자왈 사수소 부작불성 자수현 불교불명

事 일 사　雖 비록 수　作 지을 작　賢 어질 현
事雖小 : 아무리 작은 일이라도

‘한서’에 다음과 같은 말이 있습니다. “황금이 상자에 가득하여도 자식에게 한권의 경전을 교육하는 것만 못하고, 자식에게 천금을 물려 주어도 한 가지 기술을 자식에게 가르치는 것만 못하다.”

漢書云 黃金滿籯 不如敎子一經 賜子千金 不如敎子一藝
한서운 황금만영 불여교자일경 사자천금 불여교자일예

滿 찰 만　籯 상자 영　經 경서 경　賜 줄 사
藝 재주 예
不如 : ~만 못하다

최고의 즐거움은 독서만한 것이 없고, 가장 소중한 것은 자식교육만한 것이 없다.

至樂 莫如讀書 至要 莫如教子
지락 막여독서 지요 막여교자

至 지극할 지	樂 즐길 락	莫 없을 막	讀 읽을 독
書 책 서	要 중요할 요	教 가르칠 교	

莫如 : ~만한 것이 없다

여형공께서 말씀하셨다. "집안에 현명한 부모와 형제가 없고, 사회에서 엄한 스승과 벗을 가지지 않고서 성공을 할 수 있는 사람은 드물다."

呂滎公曰 內無賢父兄 外無嚴師友 而能有成者鮮矣
여형공왈 내무현부형 외무엄사우 이능유성자선의

呂 성 려	滎 물이름 형	賢 어질 현	嚴 엄할 엄
師 스승 사	友 벗 우	鮮 드물 선	矣 어조사 의

태공께서 말씀하셨다. "아들이 교육시기를 놓치면 자라서 반드시 미련하고 어리석으며, 딸이 교육시기를 놓치면 자라서 반드시 거칠고 솜씨가 없다."

太公曰 男子失教 長必頑愚 女子失教 長必麁踈
태공왈 남자실교 장필완우 녀자실교 장필추소

失 잃을 실　教 가르칠 교　頑 미련할 완　愚 어리석을 우
必 반드시 필　麁 거칠 추　踈 성글 소
頑愚 : 미련하고 어리석다
麁踈 : 거칠고 솜씨가 없다

아들이 자라나면 음악과 술을 배우지 못하도록 하고, 딸이 자라나면 마음대로 돌아다니지 못하도록 하라.

男年長大 莫習樂酒 女年長大 莫令遊走
남년장대 막습악주 여년장대 막령유주

莫 말 막　習 익힐 습　樂 풍류 악　酒 술 주
令 하여금 령　遊 놀 유　走 달릴 주
樂酒 : 음악과 술
遊走 : 돌아다니다

엄한 아버지 아래에서 효자가 나고, 엄한 어머니 아래에서 효녀가 난다.

嚴父出孝子 嚴母出孝女
엄부출효자 엄모출효녀

嚴 엄할 엄　父 아비 부　出 날 출　孝 효도 효

사랑하는 아이는 매를 많이 때리고, 미워하는 아이는 먹을 것을 많이 주라.

憐兒多與棒 憎兒多與食
연아다여봉 증아다여식

憐 사랑할 련　兒 아이 아　與 줄 여　棒 몽둥이 봉
憎 미워할 증　食 먹을 식
與棒 : 매를 때리다
與食 : 먹을 것을 주다

사람들은 모두 보석을 아끼지만, 나는 자손이 어진 것을 소중하게 여긴다.

人皆愛珠玉 我愛子孫賢
인개애주옥 아애자손현

皆 모두 개	愛 아낄 애	珠 구슬 주	玉 구슬 옥
我 나 아	孫 손자 손	賢 어질 현	

珠玉 : 보석

省心篇 上

성 심 편 상

'경행록'에 다음과 같은 말이 있습니다. "재물은 쓰면 다함이 있고 충성과 효도는 누려도 끝이 없다."

景行錄云 寶貨用之 有盡 忠孝享之 無窮
경행록운 보화용지 유진 충효향지 무궁

寶 보배 보	貨 재물 화	用 쓸 용	盡 다할 진
忠 충성 충	孝 효도 효	享 누릴 향	窮 다할 궁

가정이 화목하면 가난하여도 좋으나 정겨움이 없다면 부유함이 무슨 소용이 있겠는가. 한 자식만이라도 효도하면 될 것이니 자식이 많아 무엇 하리오?"

家和貧也好 不義富如何 但存一子孝 何用子孫多
가화빈야호 불의부여하 단존일자효 하용자손다

和 화할 화　貧 가난할 빈　富 부유할 부　但 다만 단
存 있을 존　何 무엇 하　用 쓸 용　孫 손자 손
如何 : 무슨 소용이 있겠는가?

아버지가 근심하지 않는 것은 자식의 효도 때문이요, 남편이 번뇌하지 않는 것은 아내의 어짊 때문이다. 말이 많아지고 실수하는 것은 술 때문이요, 의리가 끊어지고 가까운 사람이 멀어지는 것은 단지 돈 때문이다.

父不憂心因子孝 夫無煩惱是妻賢 言多語失皆因酒 義斷親疎
부불우심인자효 부무번뇌시처현 언다어실개인주 의단친소
只爲錢
지위전

憂 근심 우	因 인할 인	煩 번거로울	惱 번뇌할 뇌
妻 아내 처	賢 어지 현	失 잃을 실	皆 모두 개
斷 끊을 단	疎 트일 소	只 다만 지	錢 돈 전

일상적이지 않은 즐거움을 취했으면 반드시 예상 할 수 없는 우환을 막아야 한다.

既取非常樂 須防不測憂
기취비상락 수방불측우

既 이미 기　取 취할 취　非 아닐 비　常 항상 상
須 모름지기 수　防 막을 방　測 헤아릴 측　憂 근심할 우
非常樂 : 일상적이지 않은 즐거움
不測憂 : 예상 할 수 없는 우환

큰 인정을 받으면 욕됨을 생각하고, 편안하면 위태로움을 생각하라.

得寵思辱 居安慮危
득총사욕 거안려위

得 얻을 득　寵 사랑할 총　辱 욕될 욕　居 거할 거
安 편안할 안　慮 생각할 려　危 위태할 위

영광스러움이 부담이 없으면 욕됨이 얕고, 이로움이 무거우면 해치는 것도 깊다.

榮輕辱淺 利重害深
영경욕천 이중해심

榮 영화로울 영	輕 가벼울 경	辱 욕되게 할 욕	淺 얕을 천
利 이로울 리	重 무거울 중	害 해칠 해	深 깊을 심

매우 아끼면 반드시 심하게 버릴 것이요, 심한 칭찬은 반드시 심한 헐뜯음을 당한다. 심한 기쁨은 반드시 깊이 근심하게 하고, 깊이 보관하면 반드시 심하게 잃게 된다.

甚愛必甚費 甚譽必甚毁 甚喜必甚憂 甚藏必甚亡
심애필심비 심예필심훼 심희필심우 심장필심망

甚 심할 심	愛 아낄 애	費 허비할 비	譽 기릴 예
毁 훼방할 훼	喜 기쁠 희	憂 근심할 우	藏 감출 장

甚愛 : 매우 아끼다
甚費 : 심하게 버리다

공자께서 말씀하셨다. "높은 절벽을 보지 않으면 어찌 굴러 떨어지는 환란을 알 것이며, 깊은 샘에 가지 않으면 어찌 익사하는 환란을 알 것이며, 넓은 바다를 보지 않으면 어찌 큰 파도의 환란을 알겠는가?"

子曰 不觀高崖 何以知顚墜之患 不臨深泉 何以知沒溺之患
자왈 불관고애 하이지전추지환 불임심천 하이지몰익지환
不觀巨海 何以知風波之患
불관거해 하이지풍파지환

觀 볼 관	崖 언덕 애	顚 엎어질 전	墜 떨어질 추
患 근심 환	臨 임할 림	深 깊을 심	泉 샘 천
沒 빠질 몰	溺 빠질 닉	巨 클 거	波 물결 파

何以知~ : 어찌 ~을 알겠는가?

앞날을 알고 싶으면, 먼저 지나간 일들을 살펴보라.

欲知未來 先察已然
욕지미래 선찰이연

欲 하고자 할 욕	知 알 지	未 아직 미	來 올 래
先 먼저 선	察 살필 찰	已 이미 이	

已然 : 이미 지나간 일

공자께서 말씀하셨다. "맑은 거울은 모습을 살필 수 있고, 지난 과거는 오늘을 살필 수 있는 근거이다."

子曰 明鏡所以察形 往者所以知今
자왈 명경소이찰형 왕고소이지금

明 밝을 명	鏡 거울 경	所 바 소	察 살필 찰
形 모양 형	往 갈 왕	知 알 지	今 이제 금

明鏡 : 맑은 거울
往者 : 지난 과거

지난 일들은 거울 같이 분명하고 미래의 일들은 어둡기가 칠흑과 같다.

過去事 明如鏡 未來事 暗似漆
과거사 명여경 미래사 암사칠

過 지날 과	去 갈 거	事 일 사	如 같을 여
鏡 거울 경	暗 어두울 암	似 같을 사	漆 옻 칠

'경행록'에 다음과 같은 말이 있습니다. "다음 날 아침 일을 저녁에 단언하지 못하고, 저녁때의 일을 오후 네 시에 단언하지 못 한다"

景行錄云 明朝之事 薄暮不可必 薄暮之事 晡時不可必
경행록운 명조지사 박모불가필 박모지사 포시불가필

云 이를 운	朝 아침 조	薄 얇을 박	暮 어두울 모
必 반드시 필	晡 신시(申時) 포		時 때 시

하늘에는 예측할 수 없는 비바람이 있고, 사람에게는 아침저녁으로 예측할 수 없는 화복이 있다.

天有不測風雨 人有朝夕禍福
천유불측풍우 인유조석화복

天 하늘 천	不 아니 불	測 헤아릴 측	風 바람 풍
朝 아침 조	夕 저녁 석	禍 재앙 화	福 복 복

석 자 되는 무덤으로 가지 아니하고서 백 년 동안 몸을 유지하기 어렵고, 석 자 되는 무덤으로 돌아가서는 백 년 동안 무덤을 유지하기 어렵다.

未歸三尺土 難保百年身 已歸三尺土 難保百年墳
미귀삼척토 난보백년신 이귀삼척토 난보백년분

未 아닐 미	歸 돌아갈 귀	尺 자 척	難 어려울 난
保 지킬 보	身 몸 신	墳 무덤 분	

難保 : 유지하기 어렵다

'경행록'에 다음과 같은 말이 있습니다. "나무가 잘 가꾸어지면 뿌리가 튼튼하고 가지와 잎이 무성하고 용마루와 들보의 재목이 되고, 물이 잘 다스려지면 샘의 근원이 풍부하고 흐름이 길어서 논과 밭에 물을 대는 이로움이 넓고, 사람이 잘 길러지면 뜻이 커지고 판단력이 밝아져 충성스럽고 올바른 선비로 배출되니, 잘 보살펴 기르지 않을 수 있겠는가?"

景行錄云 木有所養 則根本固而枝葉茂 棟樑之材成
경행록운 목유소양 즉근본고이지엽무 동량지재성
水有所養 則泉源壯而流派長 灌漑之利博
수유소양 즉천원장이유파장 관개지이박
人有所養 則志氣大而識見明 忠義之士出 可不養哉
인유소양 즉지기대이식견명 충의지사출 가부양재

養 기를 양	根 뿌리 근	本 뿌리 본	固 굳을 고
枝 가지 지	葉 잎 엽	茂 성할 무	棟 기둥 동
樑 들보 량	材 재목 재	泉 샘 천	源 근원 원
壯 씩씩할 장	流 흐를 류	派 물줄기 파	灌 물댈 관
漑 물댈 개	利 이로울 리	博 넓을 박	識 알 식
忠 충성 충	義 옳을 의	哉 어조사 재	

可不~哉 : 어찌 ~하지 않을 수 있겠는가

자기 자신을 믿는 사람은 다른 사람 또한 그를 믿어 오나라와 월나라와 같은 적국 사이라도 모두 형제가 되고, 자기 자신을 의심하는 자는 다른 사람 또한 그 사람을 의심하게 되어 자신 외에는 모두 적국이 된다.

自信者 人亦信之 吳越皆兄弟 自疑者 人亦疑之 身外皆敵國
자신자 인역신지 오월개형제 자의자 인역의지 신외개적국

信 믿을 신　亦 또 역　吳 나라 오　越 나라 월
皆 모두 개　疑 의심할 의　外 바깥 외　敵 원수 적
自信者 : 자기 자신을 믿는 사람
自疑者 : 자기 자신을 의심하는 사람

사람을 의심하면 등용하지 말고, 사람을 등용하면 의심하지 말라.

疑人莫用 用人勿疑
의인막용 용인물의

疑 의심 의　莫 ~하지 말라 막　用 쓸 용　勿 ~하지 말라 물
莫用 : 등용하지 말라
勿疑 : 의심하지 말라

'풍간'에 다음과 같은 말이 있습니다. "물속에 고기와 하늘에 기러기 있음에 높은 것은 쏘아 잡고, 물속에 있는 것은 낚시로 잡을 수 있지만, 사람의 마음만은 바로 앞에 있어도 이 바로 앞에 있는 마음만은 헤아릴 수 없다."

諷諫云 水底魚天邊雁 高可射兮低可釣 惟有人心咫尺間 咫尺人心不可料
풍간운 수저어천변안 고가사혜저가조 유유인심지척간 지척인심불가료

諷 풍자할 풍	諫 간할 간	云 이를 운	底 밑 저
邊 가 변	雁 기러기 안	射 쏠 사	兮 어조사 혜
低 밑 저	釣 낚시질할 조	惟 오직 유	咫 지척 지
尺 자 척	料 헤아릴 료		

咫尺間 : 바로 앞, 가까운 거리

범을 그리되 모습은 그릴 수 있으나 뼈를 그리기는 어렵고, 사람을 알되 얼굴은 알 수 있지만 그 마음을 알 수는 없다.

畵虎畵皮難畵骨 知人知面不知心
화호화피난화골 지인지면부지심

畵 그림 화	虎 범 호	皮 가죽 피	骨 뼈 골

知面 : 얼굴을 알다

얼굴을 보고 서로 대화는 하지만, 마음은 천개의 산을 사이에 두고 있다.

對面共話 心隔千山
대면공화 심격천산

對 대할 대	共 함께 공	話 말씀 화	隔 막힐 격

對面 : 얼굴을 보다

바다가 마르면 끝내는 바닥을 볼 수 있으나, 사람은 죽어도 그 마음을 알 수가 없다.

海枯終見底 人死不知心
해고종견저 인사부지심

海 바다 해 枯 마를 고 終 끝 종 底 밑 저
終見底 : 끝내는 바닥을 볼 수 있다

태공께서 말씀하셨다. "사람이라는 것은 앞서 살필 수 없고, 바닷물은 말로 헤아릴 수 없다."

太公曰 凡人不可逆相 海水不可斗量
태공왈 범인불가역상 해수불가두량

曰 가로되 왈 凡 무릇 범 逆 거스를 역 相 볼 상
斗 말 두 量 헤아릴 량
不可逆相 : 앞서 살필 수 없다

'경행록'에 다음과 같은 말이 있습니다. "다른 사람에게 원망으로 묶는 것은 재앙을 심는 것이고, 착한 것을 버리고 실천하지 않는 것은 자신을 해롭게 하는 것이다."

景行錄云 結怨於人 謂之種禍 捨善不爲 謂之自賊
경행록운 결원어인 위지종화 사선불위 위지자적

結 묶을 결	怨 원망할 원	於 어조사 어	謂 이를 위
種 심을 종	禍 재앙 화	捨 버릴 사	善 착할 선
爲 할 위	自 스스로 자	賊 해칠 적	

於人 : 다른 사람에게

만약 한 사람의 말만 듣게 되면 금방 서로 이별하게 된다.

若聽一面說 便見相離別
약청일면설 편견상이별

若 만약 약	聽 들을 청	面 낯 면	說 말씀 설
便 곧 변	相 서로 상	離 떠날 리	別 헤어질 별

一面說 : 한 사람의 말

배부르고 따뜻하면 음탕한 것과 욕망을 생각하고, 굶주리고 추우면 도를 생각하는 마음이 생겨난다.

飽煖思淫慾 飢寒發道心
포난사음욕 기한발도심

飽 배부를 포	煖 따뜻할 난	思 생각 사	淫 음란할 음
慾 욕심 욕	飢 주릴 기	寒 찰 한	發 필 발

소광께서 말씀하셨다. "어진 사람에게 재산이 많으면 그의 의지가 약해지고, 어리석은 사람에게 재산이 많으면 그의 잘못됨이 늘어난다."

疏廣曰 賢而多財則損其志 愚而多財則益其過
소광왈 현이다재즉손기지 우이다재즉익기과

廣 넓을 광	賢 어질 현	財 재물 재	損 덜 손
志 뜻 지	愚 어리석을 우		過 허물 과

其志 : 그의 의지
其過 : 그의 잘못됨

사람이 가난하면 지혜로움이 좁아지고, 복이 오면 마음이 신령스러워 진다.

人貧智短 福至心靈
인빈지단 복지심령

貧 가난할 빈　智 지혜로울지　至 이를지　靈 신령 령
智短 : 지혜로움이 좁아지다
心靈 : 마음이 신령스러워지다

어떤 일을 경험해 보지 않으면, 거기에 대한 지혜가 생겨나지 않는다.

不經一事 不長一智
불경일사 부장일지

經 지날 경　事 일 사　長 길 장　智 지혜 지
不經 : 경험해보지 않다
不長 : 지혜가 생겨나지 않다

하루 종일 시비하여도, 듣지 않으면 저절로 사라진다.

是非終日有 不聽自然無
시비종일유 불청자연무

> 是 옳을 시　非 아닐 비　終 끝날 종　聽 들을 청
> 是非 : 옳고 그름
> 自然 : 자연히, 저절로

찾아 와서 옳고 그름을 말하는 사람 바로 이 사람이 시비하는 사람이다.

來說是非者 便是是非人
내설시비자 편시시비인

> 來 올 래　說 말할 설　者 놈, 사람 자　便 곧, 문득 변
> 是非人 : 시비하는 사람

'격양시'에 다음과 같은 말이 있습니다. "일상에서 눈썹 찡그릴 일을 만들지 않으면 사회에서 이를 갈 사람이 없을 것이다. 큰 명성을 어찌 무딘 돌에 새기겠는가. 길거리 행인의 입이 비석보다 낫다."

擊壤詩云 平生不作皺眉事 世上應無切齒人 大名 豈有鐫頑石
격양시운 평생부작추미사 세상응무절치인 대명 기유전완석
路上行人 口勝碑
로상행인 구승비

擊 칠 격　壤 흙덩이 양　皺 찌푸릴 추　眉 눈썹 미
應 응할 응　切 갈 절　齒 이빨 치　豈 어찌 기
鐫 새길 전　頑 완악할 완　勝 나을 승　碑 비석 비
皺眉 : 눈썹을 찡그리다
切齒 : 이를 갈다

사향이 있으면 저절로 향기가 퍼질 것이니, 바람을 마주하고 설 필요가 있겠는가?

有麝自然香 何必當風立
유사자연향 하필당풍립

麝 사향노루 사　香 향기 향　當 마땅히 당　立 설 립
何必 : 어찌 ~할 필요가 있겠는가

복이 있다하여 모두 누리지 말라. 복이 끝나면 가난하고 궁핍해질 것이다. 세도가 있다하여 모두 사용하지 말라. 세도가 다하면 원수와 서로 만난다. 복이 있음에 늘 스스로 조심하고, 세도가 있음에 항상 스스로 겸손하라. 살아감에 있어 교만과 사치는 시작은 있으나 대체로 끝이 없다.

有福莫享盡 福盡身貧窮 有勢莫使盡 勢盡寃相逢
유복막향진 복진신빈궁 유세막사진 세진원상봉
福兮常自惜 勢兮常自恭 人生驕與侈 有始多無終
복혜상자석 세혜상자공 인생교여치 유시다무종

福 복 복　莫 ~하지 말라 막　享 누릴 향　盡 다할 진
貧 가난할 빈　窮 다할 궁　勢 기세 세　使 부릴 사
寃 원통할 원　逢 만날 봉　惜 아낄 석　恭 공손할 공
驕 교만할 교　侈 사치할 치
享盡 : 모두 누리다
使盡 : 모두 사용하다
自惜 : 스스로 조심하다
自恭 : 스스로 겸손하다

‘왕참정 사류명’에 다음과 같은 말이 있습니다. “다하지 않고 남은 재주는 두었다가 세상에 돌려주고, 다하지 않고 남은 봉록은 두었다가 조정에 돌려주고, 다하지 않고 남은 재물은 두었다가 백성들에게 돌려주며, 다하지 않고 남은 복은 두었다가 자손들에게 돌려주라.”

王參政四留銘曰
왕참정사유명왈
留有餘不盡之巧 以還造物 留有餘不盡之祿 以還朝廷
유유여부진지교 이환조물 유유여부진지록 이환조정
留有餘不盡之財 以還百姓 留有餘不盡之福 以還子孫
유유여부진지재 이환백성 유유여부진지복 이환자손

參 참여할 참	政 정사 정	留 남길 류	銘 새길 명
餘 남을 여	巧 재주 교	還 돌아올 환	造 지을 조
祿 녹 록	廷 조정 정		

不盡之巧 : 다하지 않고 남은 재주

황금 천 냥이 있어도 아직 귀한 것이 아니니, 사람에게 말 한마디 얻는 것이 천금보다 좋은 것이다.

黃金千兩未爲貴 得人一語 勝千金
황금천량미위귀 득인일어 승천금

兩 무게단위 량　未 아닐 미　貴 귀할 귀　得 얻을 득
語 말씀 어　勝 나을 승
未爲貴 : 아직 귀한 것이 아니다
勝千金 : 천금보다 좋은 것이다

재주 있는 사람은 졸렬한 사람의 노비이며, 괴로움은 즐거움의 어머니이다.

巧者拙之奴 苦者樂之母
교자졸지노 고자낙지모

巧 재주 교　拙 옹졸할 졸　奴 종 노　苦 괴로울 고
巧者 : 재주있는 사람
苦者 : 괴로움

작은 배는 크게 무거운 짐을 싣지 못하고, 외딴 길은 홀로 다니기에 부적절하다.

小船難堪重載 深逕不宜獨行
소선난감중재 심경불의독행

船 배 선	難 어려울 난	堪 견딜 감	重 무거울 중
載 실을 재	深 깊을 심	逕 길 경	宜 마땅할 의
獨 홀로 독	行 다닐 행		

不宜 : 마땅하지 못하다. 부적절하다

황금은 아직 귀한 것이 못된다. 편안함과 즐거움이 돈보다 더욱 가치 있다.

黃金未是貴 安樂値錢多
황금미시귀 안락치전다

未 아닐 미	是 이 시	値 값 치	錢 돈 전

値錢 : 가치, 값어치

집에서 손님을 맞이할 줄 모르면, 밖에 나가서야 주인이 적은 것을 안다.

在家 不會邀賓客 出外 方知少主人
재가 불회요빈객 출외 방지소주인

在 있을 재　會 모일 회　邀 맞을 요　賓 손 빈
客 손 객　方 바야흐로 방
不會 : ~할 줄 모르다
賓客 : 손님
方知 : 비로소 알다

가난하면 사람 많은 거리에 살아도 아는 사람이 없고, 부유하면 산속 깊이 살아도 멀리서 오는 친구가 있다.

貧居鬧市無相識 富住深山有遠親
빈거료시무상식 부주심산유원친

貧 가난할 빈　居 살 거　鬧 시끄러울 료　市 저자 시
相 서로 상　識 알 식　深 깊을 심　親 친할 친
相識 : 아는 사람
遠親 : 멀리서 오는 친구

사람의 의리는 가난한 데로부터 모두 끊어지고, 세상의 인정은 모두 돈 있는 집안으로 향한다.

人義 盡從貧處斷 世情 便向有錢家
인의 진종빈처단 세정 변향유전가

義 옳을 의　斷 끊을 단　從 좇을 종　便 곧 변
有錢家 : 돈 있는 집

차라리 밑바닥 없는 항아리는 막을 수 있을지언정, 코 아래 가로놓인 것은 막기 힘들다.

寧塞無底缸 難塞鼻下橫
녕색무저항 난색비하횡

寧 차라리 녕	塞 막을 색	底 바닥 저	缸 항아리 항
難 어려울 난	鼻 코 비	橫 가로 횡	

無底缸 : 밑바닥 없는 항아리

사람의 정은 모두 가난한데서 소원해진다.

人情 皆爲窘中疎
인정 개위군중소

情 정 정	皆 모두 개	窘 군색할 군	疎 성글 소

'사기'에 다음과 같은 말이 있습니다. "하늘에 제사 올리고 사당에 제례 지냄에 술이 아니면 흠향하지 못할 것이고, 임금과 신하 그리고 친구 사이에도 술이 아니면 의를 맺지 못할 것이며, 다투고 서로 화합함에도 술이 아니면 권하지 못할 것이다. 그러므로 술에 성패가 달려 있으니 잘못 마셔서는 안 된다."

史記曰 郊天禮廟 非酒不享 君臣朋友 非酒不義 鬪爭相和
사기왈 교천예묘 비주불향 군신붕우 비주불의 투쟁상화
非酒不勸 故 酒有成敗而不可泛飮之
비주불권 고 주유성패이불가범음지

記 기록할 기	郊 제사지낼 교	禮 예절 례	廟 사당 묘
享 흠향할 향	朋 벗 붕	友 벗 우	鬪 싸울 투
爭 다툴 쟁	相 서로 상	和 화합할 화	勸 권할 권
敗 패할 패	泛 범범할 범	飮 마실 음	

不可泛飮之 : 잘못 마셔서는 안 된다.

공자께서 말씀하셨다. "선비가 도에 뜻을 두고서 거친 옷과 음식을 부끄러워하는 사람과는 함께 논의할 수 없다."

子曰 士志於道而恥惡衣惡食者 未足與議也

자왈 사지어도이치악의악식자 미족여의야

士 선비 사　志 뜻 지　恥 부끄러운 치　惡 악할 악
足 만족할 족　與 줄 여　議 의논할 의
惡衣惡食 : 거친 옷, 거친 음식
未足與議 : 함께 논의하기에 아직 부족하다, 함께 논의할 수 없다

순자께서 말씀하셨다. "선비에게 샘내는 친구가 있으면 착한 친구와 사귈 수 없고, 임금에게 투기하는 신하가 있으면 어진 사람이 오지 않는다."

荀子曰 士有妬友則賢交不親 君有妬臣則賢人不至
순자왈 사유투우즉현교불친 군유투신즉현인부지

荀 성 순　　士 선비 사　　妬 투기할 투　　賢 어질 현
交 사귈 교　　親 친할 친　　至 이를 지
荀子 : 중국 전국시대 조나라의 유학자
妬友 : 샘내는 친구
賢交 : 착한 친구

하늘은 먹을 것이 없는 사람을 내지 않고, 땅은 이름 없는 풀을 자라나게 하지 않는다.

天不生無祿之人 地不長無名之草
천불생무록지인 지부장무명지초

祿 녹 록 長 기를 장 名 이름 명 草 풀 초
無祿之人 : 먹을 것이 없는 사람
無名之草 : 이름 없는 풀

큰 부자는 하늘이 낳고, 작은 부자는 근면함이 낳는다.

大富由天 小富由勤
대부유천 소부유근

富 부유할 부　　由 말미암을 유　　勤 부지런할 근

집안을 일으키는 아이는 똥을 금같이 아끼고, 집안을 쓰러트리는 아이는 돈을 똥같이 한다.

成家之兒 惜糞如金 敗家之兒 用金如糞
성가지아 석분여금 패가지아 용금여분

成 이룰 성　　兒 아이 아　　惜 아낄 석　　糞 똥 분
如 같을 여　　敗 무너질 패　　用 쓸 용
成家之兒 : 집안을 일으키는 아이

'강절 소선생'께서 말씀하셨다. "한가로운 일상 속에서 해로울 것이 없다고 말하는 것을 조심하라. 해로움이 없다고 말하자마자 금방 해로움이 생기리라. 입에 맞는 음식이 많으면 병이 생기는 것이고, 마음을 편안하게 하는 일도 지나치면 반드시 재앙이 있게 된다. 병이 든 후에 약을 복용하는 것은 병들기 전에 스스로 예방하는 것보다 못하다."

康節邵先生曰 閑居 愼勿說無妨 纔說無妨便有妨
강절소선생왈 한거 신물설무방 재설무방변유방
爽口物多能作疾 快心事過必有殃 與其病後能服藥 不若病前
상구물다능작질 쾌심사과필유앙 여기병후능복약 불약병전
能自防
능자방

康 건강할 강	節 마디 절	邵 고을이름 소	閑 한가할 한
愼 삼갈 신	勿 ~하지 말라 물		妨 해로울 방
纔 겨우 재	便 곧 변	爽 상쾌할 상	疾 병 질
快 쾌할 쾌	過 지나칠 과	殃 재앙 앙	服 복용할 복
病 병 병	防 막을 방		

爽口物 : 입에 맞는 음식
快心事 : 마음을 편안하게 하는 일
不若 : ~만 못하다

'재동제군수훈'에 다음과 같은 말이 있습니다. "좋은 약이라도 한 맺힌 병은 치료하기 어렵고, 갑자기 생긴 많은 재물도 운명이 궁한 사람을 부유하게 하지 못한다. 일을 만들어 놓고 일이 생겼다고 그대는 원망하지 말고, 남을 해치고 나서 남이 해치는 것을 너는 화내지 말라. 이 우주 삼라만상은 그러 한데로 모두 보답하게 되어 있으니, 멀리는 자손에게 영향을 미치고 가까이는 자기 몸에 있다."

梓潼帝君垂訓曰 妙藥 難醫冤債病 橫財 不富命窮人
재동제군수훈왈 묘약 난의원채병 횡재 불부명궁인
生事事生 君莫怨 害人人害 汝休嗔 天地自然皆有報 遠在兒孫近在身
생사사생 군막원 해인인해 여휴진 천지자연개유보 원재아손근재신

梓 가래나무 재	潼 물이름 동	垂 드리울 수	訓 가르칠 훈
妙 묘할 묘	藥 약 약	難 어려울 난	醫 고칠 의
冤 원통할 원	債 빚 채	橫 갑자기 횡	財 재물 재
窮 궁핍할 궁	怨 원망할 원	害 해칠 해	嗔 성낼 진

冤債病 : 한 맺힌 병
命窮人 : 운명이 궁한 사람
生事 : 일을 만들다
事生 : 일이 생기다
害人 : 남을 해치다
人害 : 남이 나를 해치다

꽃이 지고 피고, 피고 또 지면서, 비단 옷으로 베옷으로 번갈아 바꿔 입는다. 부유한 집도 변함없이 언제나 부귀한 것도 아니고, 가난한 집도 변함없이 언제나 쓸쓸하지만은 않다. 사람을 잡아준다고 하여도 하늘에 오르지는 못할 것이요, 사람을 밀어뜨린다 하여도 반드시 깊은 구덩이에 굴러 떨어지는 것은 아니다. 그대에게 권하노라, 일상을 처리함에 하늘을 원망하지 말라. 사람에 대한 하늘의 뜻은 얇음도 두터움도 없다.

花落花開開又落 錦衣布衣更換着 豪家未必常富貴 貧家未必
화락화개개우락 금의포의갱환착 호가미필상부귀 빈가미필
長寂寞 扶人 未必上青霄 推人 未必塡溝壑 勸君凡事 莫怨天
장적막 부인 미필상청소 추인 미필전구학 권군범사 막원천
天意於人 無厚薄
천의어인 무후박

落 떨어질 락	開 필 개	又 또 우	錦 비단 금
布 베 포	更 번갈아 갱	換 바꿀 환	着 입을 착
豪 호걸 호	常 항상 상	貧 가난할 빈	寂 고요할 적
寞 고요할 막	扶 붙들 부	霄 하늘 소	推 밀 추
塡 메울 전	溝 도랑 구	壑 구렁 학	勸 권할 권
君 그대 군	莫 ~하지 말라 막		怨 원망할 원
意 뜻 의	厚 후할 후	薄 얇을 박	

錦衣 : 비단 옷　　布衣 : 베옷
豪家 : 부유한 집　　貧家 : 가난한 집
未必~ : 반드시 ~한 것은 아니다
上青霄 : 하늘에 오르다
塡溝壑 : 구덩이에 굴러 떨어지다

사람 마음의 독이 뱀 같음을 깊이 한탄한다. 하늘의 눈이 수레처럼 돌아가는 것을 누가 알겠는가? 지난해에는 동쪽 이웃의 물건을 함부로 취하더니 이제는 다시 북쪽 집으로 돌아가는구나. 올바르지 않은 재물은 끓는 물 위의 눈 같이 사라질 것이며, 우연히 생긴 농지는 물이 모래를 미는 것과 같을 것이다. 만약 간사하게 속이는 것을 삶의 수단으로 삼는다면 아침에 피었다 저녁에 지는 꽃과 같을 것이다.

堪歎人心毒似蛇 誰知天眼轉如車 去年妄取東隣物 今日還歸
감탄인심독사사 수지천안전여차 거년망취동인물 금일환귀
北舍家 無義錢財 湯潑雪 儻來田地 水推沙 若將狡譎爲生計
북사가 무의전재 탕발설 당래전지 수추사 약장교휼위생계
恰似朝 開暮落花
흡사조 개모락화

堪 견딜 감	歎 탄식할 탄	毒 독할 독	似 같을 사
蛇 뱀 사	誰 누구 수	眼 눈 안	轉 구를 전
妄 망령될 망	取 취할 취	隣 이웃 린	舍 집 사
湯 끓을 탕	潑 뿌릴 발	儻 혹시 당	推 밀 추
沙 모래 사	狡 간교할 교	譎 속일 휼	恰 같을 흡

誰知 : 누가 알겠는가?
去年 : 지난해
無義錢財 : 올바르지 않은 재물
儻來田地 : 우연히 생긴 농지
狡譎 : 간사하게 속임
恰似 : 같다, 비슷하다

재상이라도 그들의 수명을 돌보아줄 약은 없고, 자손의 현명함은 돈으로도 사지 못한다.

無藥可醫卿相壽 有錢難買子孫賢
무약가의경상수 유전난매자손현

藥 약 약	醫 고칠 의	卿 벼슬 경	相 정승 상
壽 목숨 수	錢 돈 전	買 살 매	賢 현명할 현

卿相壽 : 재상의 수명
子孫賢 : 자손의 현명함

하루가 깨끗하고 한가로우면 그 하루 동안 신선이다.

一日淸閑 一日仙
일일청한 일일선

日 하루 일	淸 맑을 청	閑 한가할 한	仙 신선 선

省心篇 下

성 심 편 하

'진종황제어제'에 다음과 같은 말이 있습니다. "위태로움과 험한 것을 알면 끝내 그물에 걸리지 않을 것이요, 선한 사람과 어진 사람을 추천하면 몸을 편안하게 하는 길이 저절로 생길 것이다. 어질게 덕을 베풀면 오래도록 번창할 것이고, 질투하고 원한을 보복하면 자손에게 환란을 주는 것이다. 다른 사람을 해쳐 자기를 이롭게 하면 끝내 잘되는 후손이 없을 것이고, 사람들을 해쳐서 집안을 일으킨다면 어찌 부귀가 오래 갈 수 있겠는가? 이름을 고치고 몸이 떨어지는 형벌을 받는 것은 모두 교묘한 말을 한 것에서 비롯되고, 재앙이 생기고 몸을 다치게 되는 것은 모두 어질지 못한 것에서 비롯된 것이다."

眞宗皇帝御製曰

진종황제어제왈

知危識險 終無羅網之門 擧善薦賢 自有安身之路

지위식험 종무라망지문 거선천현 자유안신지노

施仁布德 乃世代之榮昌 懷妬報寃 與子孫之危患
시인포덕 내세대지영창 회투보원 여자손지위환

損人利己 終無顯達雲仍 害衆成家 豈有長久富貴
손인이기 종무현달운잉 해중성가 기유장구부귀

改名異體 皆因巧語而生 禍起傷身 皆是不仁之召
개명이체 개인교어이생 화기상신 개시불인지소

眞 참 진	宗 마루 종	皇 임금 황	帝 임금 제
御 모실 어	製 지을 제	危 위태로울 위	
險 험할 험	終 끝내 종	羅 그물 라	網 그물 망
擧 들 거	薦 천거할 천	施 베풀 시	布 펼 포
榮 영화로울 영	昌 창성할 창	懷 품을 회	妬 투기할 투
報 갚을 보	寃 원통할 원	顯 영달할 현	達 통달할 달
雲 구름 운	仍 거듭 잉	衆 무리 중	豈 어찌 기
異 다를 이	巧 공교할 교	傷 상할 상	召 부를 소

羅網之門 : 그물에 걸리는 일

安身之路 : 몸을 편안하게 하는 길

雲仍 : 운손(雲孫)과 잉손(仍孫)으로 먼 후손을 뜻함

'신종황제어제'에 다음과 같은 말이 있습니다.. "옳지 않은 재물은 멀리하고 과도한 술을 조심하며, 이웃을 가려서 생활하고, 벗을 선택하여 사귀며, 마음에 투기를 가지지 말고, 입으로 헐뜯지 말며, 형제 중에 가난한 사람을 멀리하지 말고, 다른 사람들 중에서 부유한 사람만을 잘 대하지 말고, 근검을 우선으로 삼아 자신을 가다듬고, 겸손과 화합을 최우선으로 삼아 사람들을 아끼며, 항상 과거의 잘못을 생각하고, 미래의 허물을 늘 생각하라. 만약 나의 이 말을 참고로 하여 생활한다면 나라와 집안의 다스림이 오래 갈 수 있을 것이다."

神宗皇帝御製曰
신종황제어제왈
遠非道之財 戒過度之酒 居必擇隣 交必擇友
원비도지재 계과도지주 거필택린 교필택우
嫉妒 勿起於心 讒言 勿宣於口 骨肉貧者 莫疎 他人富者 莫厚
질투 물기어심 참언 물선어구 골육빈자 막소 타인부자 막후
克己 以勤儉爲先 愛衆 以謙和爲首 常思已往之非 每念未來
극기 이근검위선 애중 이겸화위수 상사이왕지비 매념미래
之咎 若依朕之斯言 治國家而可久
지구 약의짐지사언 치국가이가구

神 귀신 신	宗 마루 종	皇 임금 황	帝 임금 제
御 모실 어	製 지을 제	遠 멀 원	非 아닐 비
財 재물 재	過 지나칠 과	度 법도 도	酒 술 주
擇 가릴 택	隣 이웃 린	嫉 투기할 질	妬 시샘할 투
勿 말 물	讒 참소할 참	宣 베풀 선	疎 멀리할 소
咎 허물 구	依 의지할 의	朕 나 짐	斯 이 사

非道之財 : 옳지 않은 재물

過度之酒 : 과도한 술

以~A 爲~B : A를 B로 삼다, 여기다

以勤儉爲先 : 근검을 우선으로 삼다

以謙和爲首 : 겸손과 화합을 우선으로 삼다

'고종황제어제'에 다음과 같은 말이 있습니다. "작은 불씨 하나가 만경의 섶을 태울 수 있고, 반 토막의 잘못된 말이 평생의 덕을 무너뜨린다. 몸에 한 오라기실을 둘러도 베 짜는 여인의 노고를 항상 생각하고, 하루 세 끼의 밥도 농부의 고통을 매번 생각하라. 구차하게 탐내고 질투하여 손해를 끼친다면 10년도 편안하지 못할 것이다. 착한 것을 쌓고 인에 머물면 반드시 후손들에게 영광이 있을 것이다. 복과 경사스러움은 실천하여 쌓는 데에서 생기고, 평범함을 뛰어 넘어 성인의 경지에 들어가는 것은 모두 진실함으로부터 생기는 것이다."

高宗皇帝御製曰
고종황제어제왈
一星之火 能燒萬頃之薪 半句非言 誤損平生之德
일성지화 능소만경지신 반구비언 오손평생지덕
身被一縷 常思織女之勞 日食三飧 每念農夫之苦
신피일루 상사직녀지로 일식삼손 매념농부지고
苟貪妬損 終無十載安康 積善存仁 必有榮華後裔
구탐투손 종무십재안강 적선존인 필유영화후예
福緣善慶 多因積行而生 入聖超凡 盡是眞實而得
복연선경 다인적행이생 입성초범 진시진실이득

星 별 성	能 능할 능	燒 불사를 소	萬 일만 만
頃 이랑 경	薪 섶 신	句 글귀 구	言 말씀 언
誤 그르칠 오	損 손해날 손	被 입을 피	縷 실오라기 루
織 짤 직	飧 저녁밥 손	苟 구차할 구	終 끝 종
載 해 재	康 편안할 강	積 쌓을 적	華 빛날 화 손
裔 후손 예	緣 인연 연	超 뛸 초	盡 다할 진

一星之火 :작은 불씨 하나

一縷 : 한 오라기의 실

三飧 : 세 끼의 밥

十載 : 10년

福緣善慶: 복과 경사스러움

왕량께서 말씀하셨다. “그 임금을 알고 싶으면 먼저 그 신하를 보고, 그 사람을 알고 싶으면 먼저 그 친구를 보고, 그 아버지를 알고 싶으면 먼저 그 자식을 보라. 임금이 훌륭하면 그 신하가 충직하고, 아버지가 자비로우면 자식이 효도한다.”

王良曰 欲知其君 先視其臣 欲識其人 先視其友 欲知其父 先
왕량왈 욕지기군 선시기신 욕식기인 선시기우 욕지기부 선
視其子 君聖臣忠 父慈子孝
시기자 군성신충 부자자효

良 좋을 량　欲 하고자할 욕　君 임금 군　視 볼 시
識 알 식　聖 성인 성　慈 사랑할 자
欲知其君 : 그 임금을 알고 싶으면
父慈子孝 : 아버지가 자비로우면 자식이 효도한다

'가어'에 다음과 같은 말이 있습니다. "물이 너무 맑으면 고기가 없고, 사람이 너무 살피면 친구가 없다."

家語云 水至清則無魚 人至察則無徒
가어운 수지청즉무어 인지찰즉무도

家 집 가	語 말씀 어	云 이를 운	至 지극할 지
清 맑을 청	察 살필 찰	徒 무리 도	

水至清則 : 물이 너무 맑으면

허경종께서 말씀하셨다. "봄비는 기름 같지만 행인은 그 흙탕물을 싫어하고, 가을달이 환하게 아름답지만 도둑은 그 밝은 달빛을 싫어한다."

許敬宗曰 春雨如膏 行人惡其泥濘 秋月揚輝 盜者憎其照鑑
허경종왈 춘우여고 행인오기니녕 추월양휘 도자증기조감

曰 가로되 왈	春 봄 춘	雨 비 우	如 같을 여
膏 기름 고	惡 싫어할 오	泥 진흙 니	濘 진흙 녕
揚 날릴 양	輝 빛날 휘	盜 훔칠 도	憎 미워할 증
照 비칠 조	鑑 거울 감		

其泥濘 : 그 흙탕물
其照鑑 : 그 밝은 달빛

'경행록'에 다음과 같은 말이 있습니다. "대장부는 바른 것을 판단하는 것이 분명하기 때문에 태산보다 명예와 절개를 중요하게 생각하고, 마음 씀이 순수하여 생사를 기러기 털보다 더 가볍게 생각한다."

景行錄云 大丈夫見善明故 重名節於泰山 用心精故 輕死生於鴻毛
경행록운 대장부견선명고 중명절어태산 용심정고 경사생어 홍모

景 볕 경　行 갈 행　錄 기록할 록　云 이를 운
故 까닭 고　重 중요할 중　名 명예 명　節 절재 절
泰 클 태　精 순수할 정　輕 가벼울 경　鴻 기러기 홍
見善 :바른 것을 판단함
重名節 : 명예와 절개를 중요시하다
用心 : 마음 씀

다른 사람의 흉사를 마음 아파하고, 다른 사람의 착한 것을 즐기며, 다른 사람의 급한 사정을 해결해 주고, 다른 사람의 위험을 구제하여 주라.

悶人之凶 樂人之善 濟人之急 救人之危
민인지흉 낙인지선 제인지급 구인지위

悶 번민할 민　凶 흉할 흉　樂 즐길 락　善 착할 선
濟 건질 제　急 급할 급　救 구제할 구　危 위태할 위
人之凶 : 다른 사람의 흉사

눈으로 확인한 일도 모두 진실이 아닐까 걱정되는데, 등 뒤에서 하는 말을 어찌 신뢰할 수 있겠는가?

經目之事 恐未皆眞 背後之言 豈足深信
경목지사 공미개진 배후지언 기족심신

經 지날 경　目 눈 목　事 일 사　恐 두려울 공
眞 참 진　背 등 배　豈 어찌 기　信 믿을 신
豈足深信 : 어찌 신뢰할 수 있겠는가?

자기 집의 두레박 끈이 짧은 것은 걱정하지 않고, 단지 이웃 집 우물 깊이만 나무란다.

不恨自家汲繩短 只恨他家苦井深
불한자가급승단 지한타가고정심

恨 한할 한	自 스스로 자	汲 물길을 급	繩 노끈 승
短 짧을 단	只 다만 지	恨 한할 한	他 남 타
苦 괴로울 고	井 우물 정	深 깊을 심 고	

自家汲繩 : 자기 집의 두레박 끈
他家苦井 : 이웃 집의 우물

부정한 뇌물이 사회에 가득하여도, 죄는 박복한 사람에게만 걸린다.

贓濫 滿天下 罪拘薄福人
장람 만천하 죄구박복인

贓 장물 장	濫 넘칠 람	滿 찰 만	罪 허물 죄
拘 잡힐 구	薄 얇을 박	福 복 복	人 사람 인

贓濫 : 부정한 뇌물

하늘이 정상적이지 않으면 바람 불지 않으면 비가 오고, 사람이 정상적이지 않으면 병이 들지 않으면 죽는다.

天若改常 不風則雨 人若改常 不病則死
천약개상 불풍즉우 인약개상 불병즉사

天 하늘 천	若 만약 약	改 고칠 개	常 떳떳할 상
風 바람 풍	則 곧 즉	病 질병 병	死 죽을 사

改常 : 정상적이지 않다

'장원시'에 다음과 같은 말이 있습니다. "나라가 바르면 하늘도 순하고, 관리가 맑으면 백성이 절로 편안하다. 부인이 현명하면 지아비의 재앙이 적고, 자식이 효도하면 아버지의 마음이 넓어진다."

壯元詩云 國正天心順 官清民自安 妻賢夫禍少 子孝父心寬
장원시운 국정천심순 관청민자안 처현부화소 자효부심관

壯 씩씩할 장	元 으뜸 원	詩 시 시	云 이를 운
順 순할 순	官 관리 관	清 맑을 청	安 편안할 안
妻 아내 처	賢 어질 현	禍 재앙 화	寬 너그러울 관

民自安 : 백성이 저절로 편안하다

공자께서 말씀하셨다. "나무가 먹줄을 따르면 바르게 되고, 사람이 옳은 말을 받아들이면 훌륭하게 된다."

子曰 木從繩則直 人受諫則聖
자왈 목종승즉직 인수간즉성

從 좇을 종　繩 먹줄 승　則 곧 즉　直 곧을 직
受 받을 수　諫 간할 간　聖 성스러울 성
木從繩 : 나무가 먹줄을 따르다
人受諫 : 사람이 옳은 말을 받아들이다

곧게 뻗은 푸른 산 경치 아름다우니 앞사람의 경작지를 뒷사람이 거두네. 뒷사람은 거두어들이는 것만을 기뻐하지 말라. 다시 거두어들일 사람이 바로 뒤에 있네.

一派青山景色幽 前人田土後人收 後人收得莫歡喜 更有收人在後頭
일파청산경색유 전인전토후인수 후인수득막환희 갱유수인재후두

派 물갈래 파　景 경치 경　幽 그윽할 유　收 거둘 수
得 얻을 득　莫 ~하지 말라 막　歡 기쁠 환
喜 기쁠 희　更 다시 갱
田土 : 경작지
收得 : 거두어들임
後頭 : 바로 뒤

소동파께서 말씀하셨다. “근거 없이 많은 재물이 생기면 큰 복이 생기는 것이 아니라 반드시 큰 재앙이 있게 된다.”

蘇東坡曰 無故而得千金 不有大福 必有大禍
소동파왈 무고이득천금 불유대복 필유대화

蘇 깨어날 소　東 동녘 동　坡 언덕 파　故 연고 고
得 얻을 득　福 복 복　禍 재앙 화
蘇東坡 : 중국 송나라 때의 대문호. 자는 자첨(子瞻), 호는 동파(東坡). 시호(諡號)는 문충(文忠). 당송팔대가에 속함.
無故 : 근거 없이

강절 소선생께서 말씀하셨다. “어떤 사람이 찾아와 운수를 묻기를 ‘무엇이 재앙과 복입니까?’ 하였다. ‘내가 다른 사람을 해치면 재앙이요, 다른 사람이 나를 해치면 복이다.’라고 하였다.”

康節邵先生曰 有人來問卜 如何是禍福 我虧人是禍 人虧我是福
강절소선생왈 유인래문복 여하시화복 아휴인시화 인휴아시복

問 물을 문　卜 점칠 복　禍 재앙 화　福 복 복
我 나 아　虧 이지러질 휴
有人 : 어떤 사람
問卜 : 운수를 묻다
如何是禍福 : 무엇이 재앙과 복입니까?

천 칸의 큰 집이라도 밤이면 여덟 자 방에서 자고, 만 이랑의 좋은 밭이 있어도 하루에 두 되 먹는다.

大廈千間 夜臥八尺 良田萬頃 日食二升
대하천간 야와팔척 양전만경 일식이승

廈 큰집 하 間 사이 간 夜 밤 야 臥 누울 와
尺 자 척 良 좋을 량 萬 일만 만 頃 이랑 경
食 먹을 식 升 되 승
大廈 : 큰 집
良田 : 좋은 밭

오래 머무르면 사람이 천하게 되고, 자주 오면 친함이 소원하여진다. 삼일이나 오 일에 한 번씩 만나도 처음만 못하다.

久住令人賤 頻來親也疎 但看三五日 相見不如初
구주영인천 빈래친야소 단간삼오일 상견불여초

久 오랠 구	住 머무를 주	令 ~하게하다 령	賤 천할 천
頻 자주 빈	親 친할 친	疎 트일 소	但 다만 단
看 볼 간	相 서로 상	初 처음 초	

久住 : 오래 머무르다
頻來 : 자주 오다
不如初 처음만 못하다

목마를 때 물 한 방울은 달콤한 이슬 같으나, 취한 후에 첨잔은 없는 것만 못하다.

渴時一滴 如甘露 醉後添盃 不如無
갈시일적 여감로 취후첨배 불여무

渴 목마를 갈	時 때 시	滴 물방울 적	如 같을 여
甘 달 감	露 이슬 로	醉 취할 취	後 뒤 후
添 더할 첨	盃 잔 배	如 같을 여	無 없을 무

不如無 : 없는 것만 못하다

술이 사람을 취하게 하는 것이 아니라 사람이 스스로 취하는 것이요, 여자의 아름다움이 사람을 어지럽히는 것이 아니라 사람이 스스로 빠져드는 것이다.

酒不醉人人自醉 色不迷人人自迷
주불취인인자취 색불미인인자미

酒 술 주	醉 취할 취	自 스스로 자	迷 혼미할 미

人自醉 : 사람이 스스로 취하다
人自迷 : 사람이 스스로 빠져들다

공적인 마음을 사사로운 마음과 비교할 수 있다면 어떤 일이 분명하지 못하겠는가? 도에 대한 생각을 남녀의 정처럼 생각한다면 부처 된 지 오래일 것이다.

公心 若比私心 何事不辨 道念 若同情念 成佛多時
공심 약비사심 하사불판 도념 약동정념 성불다시

若 만약 약　　比 견줄 비　　何 어찌, 무엇 하　辨 다스릴 판
念 생각 념　　情 뜻 정　　成 이룰 성
比私心 : 사사로운 마음과 비교하다
何事不辨 : 어떤 일이 분명하지 못하겠는가
同情念 : 남녀의 정처럼 생각하다
成佛 : 부처가 되다

염계 선생께서 말씀하셨다. "꾸미는 사람은 떠들고 둔한 사람은 침묵하며, 꾸미는 사람은 바쁘고 둔한 사람은 한가하다. 꾸미는 사람은 해치고 둔한 사람은 덕스럽다, 꾸미는 사람은 재앙이 있고 둔한 사람은 복을 받는다. 아! 천하가 둔하면 형벌로 다스림이 없어져, 위로는 편안하고 아래로는 따르며, 풍속이 맑아지고 폐단이 사라질 것이다."

濂溪先生曰
염계선생왈
巧者言 拙者黙 巧者勞 拙者逸 巧者賊 拙者德 巧者凶 拙者吉
교자언 졸자묵 교자노 졸자일 교자적 졸자덕교자흉 졸자길
嗚呼 天下拙 刑政撤 上安下順 風淸弊絶
오호 천하졸 형정철 상안하순 풍청폐절

濂 물가 렴	溪 시내 계	巧 꾸밀 교	拙 졸할 졸
黙 묵묵할 묵	逸 편안할 일	賊 해칠 적	德 덕 덕
凶 흉할 흉	嗚 탄식할 오	呼 부를 호	刑 형벌 형
撤 거둘 철	弊 폐단 폐	絶 끊을 절	

巧者 : 꾸미는 사람
拙者 : 둔한 사람

'주역'에 다음과 같은 말이 있습니다. "덕이 적으면서 자리는 높고, 지혜는 작으면서 도모함이 크면 재앙이 없는 사람이 드물다."

易曰 德微而位尊 智小而謀大 無禍者鮮矣

역왈 덕미이위존 지소이모대 무화자선의

易 바꿀 역　微 작을 미　位 자리 위　尊 높을 존
智 지혜 지　謀 도모할 모　禍 재앙 화　鮮 적을 선
易 : 주역(周易). 유교의 경전(經典) 중 삼경(三經)의 하나.

'설원'에 다음과 같은 말이 있습니다. "관리는 지위를 이루면 나태해지고, 병은 조금 좋아졌을 때 심해지며, 재앙은 방심하는데서 생기고, 효도는 처자로 인하여 어려워진다. 이 네 가지를 살펴서 처음과 같이 끝까지 조심하라."

說苑曰
설원왈
官怠於宦成 病加於小愈 禍生於懈惰 孝衰於妻子 察此四者
관태어환성 병가어소유 화생어해타 효쇠어처자 찰차사자
愼終如始
신종여시

說 말씀 설	苑 동산 원	官 관리 관	怠 게으를 태
宦 벼슬 환	病 병 병	加 더할 가	愈 병나을 유
禍 재앙 화	懈 게으를 해	惰 게으를 타	孝 효도 효
衰 쇠할 쇠	察 살필 찰	愼 삼갈 신	

說苑 : 중국 한나라 때에, 유향이 편찬한 교훈적인 설화집
宦成 : 지위를 이루다
小愈 : 조금 좋아지다
懈惰 : 방심하다
愼終如始 : 처음부터 끝까지 조심하라

그릇이 차면 넘치고, 사람이 차면 잃게 된다.

器滿則溢 人滿則喪
기만즉일 인만즉상

器 그릇 기	滿 찰 만	則 곧 즉	溢 넘칠 일
人 사람 인	喪 잃을 상		

한 자의 옥구슬도 보배가 아니다. 순간을 다투어라.

尺璧非寶 寸陰是競
척벽비보 촌음시경

尺 자 척	壁 구슬 벽	非 아닐 비	寶 보배 보
寸 마디 촌	陰 응달 음	是 이 시	競 다툴 경
寸陰 : 한 순간			

양고기 국이 맛있으나, 모든 사람의 입맛에 맞추기는 어렵다.

羊羹雖美 衆口難調
양갱수미 중구난조

羊 양 양　　羹 국 갱　　雖 비록 수　　衆 무리 중
難 어려울 난　調 고를 조
美 : 맛이 좋다
難調 : 맞추기 어렵다

'익지서'에 다음과 같은 말이 있습니다. "백옥은 진흙 속에 버려져도 그 색이 오염되거나 더러워지지 않고, 군자는 혼탁한 곳에 있어도 그 마음이 오염되거나 어지러워지지 않는다. 그러므로 소나무 잣나무는 서리와 눈을 견뎌 낼 수 있는 것이고, 밝고 지혜로운 사람은 위험과 어려움을 지나갈 수 있는 것이다."

益智書云 白玉投於泥塗 不能汚穢其色 君子行於濁地 不能染
익지서운 백옥투어니도 불능오예기색 군자행어탁지 불능염
亂其心 故 松柏可以耐雪霜 明智可以涉危難
란기심 고 송백가이내설상 명지가이섭위난

投 던질 투	泥 진흙 니	塗 진흙 도	汚 오염될 오
穢 더러울 예	濁 흐릴 탁	染 물들 염	亂 어지러울 란
松 소나무 송	柏 잣나무 백	耐 견딜 내	霜 서리 상
智 지혜 지	涉 건널 섭	危 위태로울 위	

汚穢 : 오염되고 더러워짐
不能染亂 : 오염되거나 어지러워지지 않는다
可以耐雪霜 : 서리와 눈을 견뎌낼 수 있다
可以涉危難 : 위험과 어려움을 지나갈 수 있다

산에 들어가 호랑이를 잡는 것은 쉬우나, 입을 열어 다른 사람에게 말하기는 어렵다.

入山擒虎易 開口告人難
입산금호이 개구고인난

擒 사로잡을 금　虎 범 호　易 쉬울 이　告 알릴 고

먼 곳의 물은 가까운 불을 끄지 못하고, 먼 곳의 친척은 가까운 이웃만 못하다.

遠水不救近火 遠親不如近隣
원수불구근화 원친불여근린

遠 멀 원　救 구원할 구　親 친척 친　隣 이웃 린
不如 : ~만 못하다

태공께서 말씀하셨다. “해와 달이 밝더라도 엎어놓은 그릇의 아래는 비추지 못하고, 칼날이 비록 날카롭더라도 죄 없는 사람은 베지 못하듯, 나쁜 일과 갑작스런 재앙도 조심하는 집에는 들어오지 아니한다.”

太公曰 日月雖明 不照覆盆之下 刀刃雖快 不斬無罪之人
태공왈 일월수명 부조복분지하 도인수쾌 불참무죄지인
非災橫禍 不入愼家之門
비재횡화 불입신가지문

雖 비록 수	照 비칠 조	覆 엎을 복	盆 동이 분
刃 칼날 인	快 상쾌할 쾌	斬 벨 참	罪 허물 죄
災 재앙 재	橫 갑자기 횡	愼 삼갈 신	

覆盆之下 : 엎어놓은 그릇 아래
刀刃雖快 : 칼날이 비록 날카롭더라도
非災橫禍 : 나쁜 일과 갑작스런 재앙

태공께서 말씀하셨다. "만 이랑의 좋은 밭도 작은 기술을 몸에 익히는 것만 못하다."

太公曰 良田萬頃 不如薄藝隨身
태공왈 양전만경 불여박예수신

良 좋을 량	田 밭 전	頃 밭이랑 경	如 같을 여
薄 얇을 박	藝 재주 예	隨 따를 수	

不如 : ~만 못하다

'성리서'에 다음과 같은 말이 있습니다. "사물을 대하는 요점은 자신이 싫은 것을 다른 사람에게 베풀지 말고, 노력하여도 되지 않는 일이 있으면 그 원인을 자신에게 돌이켜 찾아보아라."

性理書云 接物之要 己所不欲 勿施於人 行有不得 反求諸己
성리서운 접물지요 기소불욕 물시어인 행유부득 반구제기

接 사귈 접	要 요점 요	欲 하고자할 욕
施 베풀 시	反 돌이킬 반	諸 어조사 제

行有不得 : 노력하여도 되지 않는 일이 있으면
反求諸己 : 자신에게 돌이켜 찾아보아라

술, 여자, 재물, 건강의 네 가지 담장 안에 수많은 어질고 어리석은 사람들이 갇혀 있다. 세상 사람들 중에 뛰쳐나오는 이가 있다면 그것이 곧 신선의 불로장생법이다.

酒色財氣四堵墻 多少賢愚在內廂 若有世人跳得出 便是神仙不死方
주색재기사도장 다소현우재내상 약유세인도득출 변시신선불사방

酒 술 주	財 재물 재	氣 기운 기	堵 담 도
墻 담 장	賢 어질 현	愚 어리석을 우	廂 행랑 상
若 만약 약	跳 뛸 도	便 곧 변	方 방법 방

酒色財氣 : 술, 여자, 재물, 건강

立教篇

입 교 편

공자께서 말씀하셨다. "몸을 일으키는데 올바른 방법이 있으니 효가 근본이다. 사람이 죽어 상을 치름에 예법이 있으니 슬퍼하는 것이 근본이다. 전쟁터의 진영에 대열이 있으니 용맹함이 근본이다. 나라를 다스리는 데 이치가 있으니 농사가 근본이다. 나라를 유지하는데 방법이 있으니 대를 이음이 근본이다. 재물을 생산함에 때가 있으니 노력이 근본이다."

子曰 立身有義 而孝爲本 喪紀有禮 而哀爲本 戰陣有列 而勇
자왈 입신유의 이효위본 상기유례 이애위본 전진유열 이용
爲本 治政有理 而農爲本 居國有道 而嗣爲本 生財有時 而力
위본 치정유리 이농위본 거국유도 이사위본 생재유시 이력
爲本
위본

立 설 립	本 근본 본	喪 초상 상	紀 실마리 기
哀 슬플 애	戰 싸움 전	陣 진칠 진	列 줄 렬
勇 용맹 용	政 정사 정	理 이치 리	農 농사 농
嗣 이을 사	時 때 시		

孝爲本 : 효가 근본이다

喪紀有禮 : 상을 치름에 예법이 있다

嗣爲本 : 대를 이음이 근본이다

'경행록'에 다음과 같은 말이 있습니다. "정치의 요점은 공평과 청렴이며, 집안을 일으키는 길은 절약과 근면이다."

景行錄云 爲政之要 曰公與淸 成家之道 曰儉與勤
경행록운 위정지요 왈공여청 성가지도 왈검여근

要 요점 요　淸 맑을 청　儉 검소할 검　勤 부지런할 근
公與淸 : 공평과 청렴
儉與勤 : 절약과 근면

독서는 집안을 일으키는 근본이며, 이치를 따르는 것은 집안을 보호하는 근본이며, 근면과 절약은 집안을 다스리는 근본이며, 배려와 이치를 따름은 집안을 질서 있게 하는 근본이다.

讀書起家之本 循理保家之本 勤儉治家之本 和順齊家之本
독서기가지본 순리보가지본 근검치가지본 화순제가지본

循 따를 순　　勤 부지런할 근　　儉 검소할 섭
治 다스릴 치　　和 화할 화　　齊 가지런할 제
起家之本 : 집안을 일으키는 근본
齊家之本 : 집안을 질서 있게 하는 근본

'공자삼계도'에 다음과 같은 말이 있습니다. "평생의 계획은 어릴 때에 있고, 한 해의 계획은 봄에 있고, 하루의 계획은 새벽에 있다. 어려서 배우지 않으면 나이 들어 아는 것이 없고, 봄에 밭 갈지 않으면 가을에 바랄 것이 없으며, 새벽에 일어나지 않으면 그 날 할 일이 없다."

孔子三計圖云 一生之計在於幼 一年之計在於春 一日之計在
공자삼계도운 일생지계재어유 일년지계재어춘 일일지계재
於寅 幼而不學 老無所知 春若不耕 秋無所望 寅若不起 日無
어인 유이불학 노무소지 춘약불경 추무소망 인약불기 일무
所辦
소판

計 계획할 계　幼 어릴 유　寅 새벽 인　若 만약 약
耕 밭갈 경　望 바랄 망　辦 힘쓸 판
秋無所望 : 가을에 바랄 것이 없다
日無所辦 : 그 날 할 일이 없다

'성리서'에 다음과 같은 말이 있습니다. "다섯 가지 가르침의 종류는 아버지와 자식은 친함이 있어야 하고, 임금과 신하는 의리가 있어야 하고, 남편과 아내는 구별이 있어야 하고, 어른과 어린이는 차례가 있어야 하며, 친구는 믿음이 있어야 한다."

性理書云 五敎之目 父子有親 君臣有義 夫婦有別 長幼有序
성리서운 오교지목 부자유친 군신유의 부부유별 장유유서
朋友有信
붕우유신

敎 가르칠 교	目 조목 목	親 친할 친	義 옳을 의
婦 부인 부	別 구별할 별	序 차례 서	信 믿을 신

삼강은 임금은 신하의 근본이 되고, 아버지는 자식의 근본이 되고, 남편은 아내의 근본이 된다는 것이다.

三綱 君爲臣綱 父爲子綱 夫爲婦綱
삼강 군위신강 부위자강 부위부강

綱 벼리, 근본 강　爲 될 위　夫 남편 부　婦 아내 부
君爲臣綱 : 임금은 신하의 근본이 된다

왕촉께서 말씀하셨다. "충신은 두 임금을 섬기지 아니하고, 열녀는 두 남편을 섬기지 않는다."

王蠋曰 忠臣不事二君 烈女不更二夫
왕촉왈 충신불사이군 열녀불경이부

蠋 벌레 촉　事 섬길 사　烈 매울 렬　更 바꿀 경
不事二君 : 두 임금을 섬기지 않는다

충자께서 말씀하셨다. "공적인 일을 처리함에는 공평함이 최고이고, 재물에는 청렴이 최고이다."

忠子曰 治官莫若平 臨財莫若廉
충자왈 치관막약평 임재막약렴

治 다스릴 치 莫 없을 막 廉 청렴 렴
莫若 : ~만한 것이 없다
莫若平 : 공평함이 최고이다
莫若廉 : 청렴이 최고이다.

‘장사숙 좌우명(張思叔座右銘)’에 다음과 같은 말이 있습니다. “말이라는 것은 반드시 충실하고 미덥게 하고, 행실은 반드시 돈독하고 공경하게 하고, 음식은 반드시 조심하여 절제하고, 글씨는 반드시 반듯하게 하고, 용모는 반드시 단정하게 하고, 의관은 반드시 정결하게 하고, 걸음걸이는 반드시 자연스럽고 편안하게하고, 생활하는 곳은 반드시 바르고 조용하게 하고, 일은 반드시 계획하여 시작하고, 말은 반드시 그 실천을 생각해서 하고, 일상의 덕을 반드시 굳게 지니고, 허락하는 것은 반드시 신중히 하고, 착한 것을 보면 자기에게서 나온 것 같이 하고, 나쁜 것을 보면 자기의 잘못인 것처럼 하라. 대체로 이 열 네 가지는 모두 내가 아직 깊이 잘하지 못하는 것들이다. 이 내용들을 자리의 모퉁이에 써놓고 아침저녁으로 보고 경계로 삼고자 하노라.”

張思叔座右銘曰
장사숙좌우명왈

凡語必忠信 凡行必篤敬 飮食必愼節 字畫必楷正 容貌必端莊
범어필충신 범행필독경 음식필신절 자화필해정 용모필단장

衣冠必肅整 步履必安詳 居處必正靜 作事必謀始 出言必顧行
의관필숙정 보리필안상 거처필정정 작사필모시 출언필고행

常德必固持 然諾必重應 見善如己出 見惡如己病 凡此十四者
상고덕필지 연낙필중응 견선여기출 견악여기병 범차십사자

皆我未深省 書此當座隅 朝夕視爲警
개아미심성 서차당좌우 조석시위경

座 자리 좌	凡 무릇 범	篤 도타울 독	敬 공경할 경
飮 마실 음	畫 그을 획	楷 바를 해	容 얼굴 용
貌 얼굴 모	端 바를 단	莊 엄숙할 장	肅 엄숙 숙
整 가지런할 정	步 걸음 보	履 밟을 리	詳 자세할 상
靜 고요할 정	謀 꾀할 모	顧 돌아볼 고	常 항상 상
持 가질 지	諾 허락할 낙	重 무거울 중	應 응할 응
隅 모퉁이 우	警 경계할 경		

字畫 : 글씨

步履 : 걸음걸이

常德 : 일상의 덕

然諾 : 허락함

我未深省 : 내가 아직 깊이 잘하지 못하는 것들이다

‘범익겸 좌우명’에 다음과 같은 말이 있습니다.

“첫째 조정의 이해, 변방의 소식, 관직의 임명에 대해 말하지 말라.

둘째 주현 관리의 장점과 단점, 이해득실에 대해 말하지 말라.

셋째 여러 사람이 한 잘못에 대해 말하지 말라.

넷째 관직에 진출하는 것과 때를 타서 세도에 붙는 일에 대해 말하지 말라.

다섯째 재리의 많고 적음이나 가난을 싫어하고 부를 구하는 것을 말하지 말라.

여섯째 음란하고 난잡한 농담이나 여색을 평론하지 말라.

일곱째 다른 사람의 물건을 요구하거나 술과 음식을 찾는 일을 말하지 말라.

그리고 다른 사람이 편지를 부탁하면 뜯거나 늦어지면 안 된다.

다른 사람 옆에 앉아 다른 사람의 사적인 글을 엿보아서는 안 된다.

다른 사람 집에 들어가 다른 사람의 글을 보아서는 안 된다.

다른 사람의 물건을 빌려 훼손하거나 돌려주지 않으면 안 된다.

음식을 먹을 때에는 선택하여 버리거나 취해서는 안 된다.

다른 사람과 함께 있으면서 자신의 편리만 선택해서는 안 된다.

다른 사람의 부귀를 시샘하거나 비방해서는 안 된다.

이런 여러 가지 일에 해당하는 사람이 있으면 마음이 어리석은 것이니, 마음을 지키고 몸을 수양하는데 크게 해롭다. 이러한 이유로 이 글을 써서 스스로 경계하고자 한다.”

范益謙座右銘曰
범익겸좌우명왈

一不言朝廷利害邊報差除 二不言州縣官員長短得失
일불언조정리해변보차제 이불언주현관원장단득실

三不言衆人所作過惡之事 四不言仕進官職趨時附勢
삼불언중인소작과오지사 사불언사진관직추시부세

五不言財利多少厭貧求富 六不言淫媟戲慢評論女色
오불언재이다소염빈구부 육불언음설희만평론여색

七不言求覓人物干索酒食 又人附書信 不可開坼沈滯
칠불언구멱인물간색주식 우인부서신 불가개탁침체

與人並坐 不可窺人私書 凡入人家 不可看人文字 凡借人物
여인병좌 불가규인사서 범입인가 불가간인문자 범차인물

不可損壞不還
불가손괴불환

凡喫飮食 不可揀擇去取 與人同處 不可自擇便利 凡人富貴
범끽음식 불가간택거취 여인동처 불가자택편리 범인부귀

不可歎羨詆毁
불가탄선저훼

凡此數事 有犯之者 足以見用意之不肖 於存心修身 大有所害
범차수사 유범지자 족이견용의지부초 어존심수신 대유소해

因書以自警
인서이자경

范 성 범	謙 겸손할 겸	廷 조정 정	邊 변방 변
差 가릴 차	除 제수할 제	縣 고을 현	趨 뒤쫓을 추
附 붙을 부	勢 기세 세	厭 싫을 염	貧 가난할 빈
淫 음란할 음	媟 거만할 설	戱 희롱할 희	慢 거만할 만
評 평론할 평	論 말할 론	求 구할 구	覓 찾을 멱
干 구할 간	索 찾을 색	信 서신 신	開 열 개
坼 터질 탁	滯 막힐 체	窺 엿볼 규	損 줄 손
壞 무너질 괴	喫 먹을 끽	揀 가릴 간	擇 가릴 택
便 편할 편	歎 탄식할 탄	羨 부러워할 선	詆 꾸짖을 저
毁 헐뜯을 훼	犯 범할 범	肖 닮을 초	警 경계할 경

差除 : 관직의 임명

長短得失 : 장점과 단점, 이해득실

過惡之事 : 잘못

趨時附勢 : 때를 타서 세도에 붙다

厭貧求富 : 가난을 싫어하고 부를 구하다

淫媟戱慢 : 음란하고 난잡한 농담

書信 : 편지

揀擇去取 : 선택하여 버리거나 취하다

歎羨詆毁 : 시샘하거나 비방하다

무왕이 태공에게 질문하였다. "사람들이 세상을 살아감에 무슨 이유로 귀천과 빈부가 다른 것입니까? 그것에 대한 설명을 들어 알고자 합니다." 태공이 다음과 같이 대답하였다. "부귀는 성인의 덕과 같아 모두 타고나는 것이고, 부자는 사용함에 절제하고, 부유하지 않은 사람은 가정에 열 가지 도둑이 있습니다."

武王問太公曰 人居世上 何得貴賤貧富不等 願聞說之 欲知是矣
무왕문태공왈 인거세상 하득귀천빈부부등 원문설지 욕지시의
太公曰 富貴如聖人之德 皆由天命 富者用之有節 不富者家有十盜
태공왈 부귀여성인지덕 개유천명 부자용지유절 불부자가유십도

武 호반 무 等 같을 등 願 원할 원 說 말씀 설
欲 하고자할 욕 由 말미암을 유 節 마디 절 盜 도둑 도
不等 : 같지 않다
十盜 : 열 가지 도둑

무왕께서 말씀하셨다. "무엇이 열 가지 도둑입니까?" 태공께서 대답하셨다. "때맞게 익은 것을 거두지 않는 것이 첫 번째 도둑이고, 거두고 쌓음을 끝내지 않는 것이 두 번째 도둑이고, 일도 없이 불을 켜놓고 자는 것이 세 번째 도둑이고, 게으르게 농사짓지 않는 것이 네 번째 도둑이고, 애써 힘쓰지 않는 것이 다섯 번째 도둑이고, 교활하게 해로운 일만 하는 것이 여섯 번째 도둑이고, 딸자식을 많이 기르는 것이 일곱 번째 도둑이고, 낮잠 자고 늦게 일어나는 것이 여덟 번째 도둑이고, 술을 즐기고 욕망을 쫓는 것이 아홉 번째 도둑이고, 질투가 심한 것이 열번째 도둑입니다."

武王曰 何謂十盜
무왕왈 하위십도

太公曰 時熟不收 爲一盜 收積不了 爲二盜
태공왈 시숙불수 위일도 수적불료 위이도

無事燃燈寢睡 爲三盜 慵懶不耕 爲四盜
무사연등침수 위삼도 용나불경 위사도

不施功力 爲五盜 專行巧害 爲六盜
불시공력 위오도 전행교해 위육도

養女太多 爲七盜 晝眠懶起 爲八盜
양녀태다 위칠도 주면나기 위팔도

貪酒嗜慾 爲九盜 强行嫉妬 爲十盜
탐주기욕 위구도 강행질투 위십도

盜 도둑 도	熟 익을 숙	收 거들 수	積 쌓을 적
了 마칠 료	燃 탈 연	燈 등 등	寢 잠잘 침
睡 졸음 수	慵 게으를 용	懶 게으를 라	耕 밭갈 경
施 베풀 시	功 공로 공	專 오로지 전	巧 교활할 교
養 기를 양	晝 낮 주	眠 잠잘 면	嗜 즐길 기
慾 욕심 욕	嫉 질투할 질	妬 질투할 투	

收積不了 : 거두고 쌓음을 끝내지 않다

不施功力 : 애써 힘쓰지 않다

專行巧害 : 교활하게 해로운 일만 하다

貪酒嗜慾 : 술을 즐기고 욕망을 쫓다

무왕께서 말씀하셨다. “집에 열 가지 도둑도 없는데 가난한 것은 어떻게 된 것입니까?” 태공께서 대답하셨다. “그 집에는 반드시 삼모가 있습니다.” 무왕께서 말씀하셨다. “무엇을 삼모라 말합니까?” 태공께서 대답하셨다. “창고가 낡았음에도 고치지 않아 쥐와 새가 설쳐대며 먹는 것이 첫 번째 낭비이고, 농사의 때를 놓치는 것이 두 번째 낭비이고, 곡식을 흘려 더럽고 천하게 하는 것이 세 번째의 낭비입니다.”

武王曰 家無十盜而不富者 何如
무왕왈 가무십도이불부자 하여
太公曰 人家必有三耗
태공왈 인가필유삼모
武王曰 何名三耗
무왕왈 하명삼모
太公曰 倉庫漏濫不蓋 鼠雀亂食 爲一耗
태공왈 창고루람불개 서작난식 위일모
收種失時 爲二耗 抛撒米穀穢賤 爲三耗
수종실시 위이모 포살미곡예천 위삼모

耗 소모할 모	何 무엇 하	倉 곳집 창	庫 곳집 고
漏 샐 루	濫 넘칠 람	蓋 덮을 개	鼠 쥐 서
雀 참새 작	亂 어지러울 란	收 거들 수	種 씨뿌릴 종
抛 버릴 포	撒 뿌릴 살	穀 곡식 곡	穢 더러울 예
賤 천할 천			

漏濫 : 낡음

不蓋 : 덮지 않다

亂食 : 설쳐대며 먹다

收種失時 : 농사의 때를 놓치다

抛撒米穀 : 곡식을 흘리다

무왕이 물었다. "집에 삼모가 없는데도 가난한 것은 어떻게 된 것입니까?" 태공이 대답하였다. "그 사람의 집에는 반드시 일착, 이오, 삼치, 사실, 오역, 육불상, 칠노, 팔천, 구우, 십강이 있어 재앙을 스스로 부르는 것이지 하늘이 재앙을 내린 것이 아닙니다."

武王曰 家無三耗而不富者 何如
무왕왈 가무삼모이불부자 하여
太公曰 人家必有一錯二誤三痴四失五逆六不祥七奴八賤九愚
태공왈 인가필유일착이오삼치사실오역육불상칠노팔천구우
十强 自招其禍 非天降殃
십강 자초기화 비천강앙

錯 그릇될 착　誤 그릇될 오　痴 어리석을 치　逆 거스를 역
祥 상서로울 상　奴 종 노　愚 어리석을 우　招 부를 초
降 내릴 강　殃 재앙 앙
自招 : 스스로 부르다

무왕이 말하였다. “그것들을 모두 듣고 싶습니다.” 태공이 대답하였다. “아들을 기르면서 교육하지 않는 것이 첫 번째 잘못이고, 어린이를 깨우쳐 주지 않는 것이 두 번째 오류이고, 새 며느리를 맞아 엄히 가르치지 않는 것이 세 번째 어리석음이고, 말하기도 전에 웃는 것이 네 번째 과실이고, 부모를 모시지 않는 것이 다섯 번째 거스름이고, 밤에 벌거벗고 일어나는 것이 여섯 번째 상서롭지 못함이고, 다른 사람의 활을 당기기 좋아하는 것이 일곱 번째의 못난 행동이고, 다른 사람의 말을 타기를 즐기는 것이 여덟 번째 천함이고, 다른 사람의 술을 마시면서 또 다른 사람에게 그 술을 권하는 것이 아홉 번째의 어리석음이고, 다른 사람의 밥을 먹으면서 친구에게 명령하는 것이 열 번째 거스르는 것이다.” 무왕이 말하였다. “매우 아름답고 진실 되도다, 이 말씀이여.”

武王曰 願悉聞之
무왕왈 원실문지

太公曰 養男不教訓 爲一錯 嬰孩不訓 爲二誤 初迎新婦不行
태공왈 양남불교훈 위일착 영해불훈 위이오 초영신부불행

嚴訓 爲三痴 未語先笑 爲四失 不養父母 爲五逆 夜起赤身
엄훈 위삼치 미어선소 위사실 불양부모 위오역 야기적신

爲六不祥 好挽他弓 爲七奴 愛騎他馬 爲八賤 喫他酒勸他人
위육불상 호만타궁 위칠노 애기타마 위팔천 끽타주권타인

爲九愚 喫他飯命朋友 爲十强
위구우 끽타반명붕우 위십강

武王曰 甚美誠哉 是言也

무왕왈 심미성재 시언야

願 원할 원	悉 다 실	聞 들을 문	養 기를 양
錯 섞일 착	嬰 어릴 영	孩 어릴 해	訓 가르칠 훈
誤 잘못 오	迎 맞을 영	嚴 엄할 엄	痴 어리석을 치
逆 거스를 역	起 일어날 기	赤 붉을 적	祥 상서로울 상
挽 당길 만	他 남 타	奴 종 노	騎 말 탈 기
賤 천할 천	喫 먹을 끽	勸 권할 권	飯 밥 반
甚 매우 심	誠 진실할 성		

未語先笑 : 말하기도 전에 먼저 웃다

夜起赤身 : 밤에 벌거벗고 일어나다

好挽他弓 : 다른 사람의 활을 당기기 좋아하다

喫他酒勸他人 : 다른 사람의 술을 마시면서 또 다른 사람에게 그 술을 권하다

喫他飯命朋友 : 다른 사람의 밥을 먹으면서 친구에게 명령하다

治政篇

치 정 편

명도선생께서 말씀하셨다. “처음 명을 받은 선비가 진실로 물건을 아끼는데 마음을 둠이 있다면 다른 사람들을 반드시 구제하는 것이 있을 것이다.”

明道先生曰 一命之士 苟有存心於愛物 於人必有所濟
명도선생왈 일명지사 구유존심어애물 어인필유소제

命 명할 명 苟 진실로 구 存 있을 존 愛 아낄 애
物 물건 물 於 어조사 어 濟 건질 제
愛物 : 물건을 아끼다

'송태종어제'에 다음과 같은 말이 있습니다. "위에는 지시함이 있고, 중간에는 전달함이 있고, 아래에는 의탁함이 있다. 폐백으로 옷 지어 입고 창고 곡식 먹으니, 너희들의 급여는 모두 백성들의 기름이다. 아래 백성은 학대하기 쉬우나, 위의 하늘은 속이지 못한다."

宋太宗御製云 上有麾之 中有乘之 下有附之 幣帛衣之 倉廩
송태종어제운 상유휘지 중유승지 하유부지 폐백의지 창름
食之 爾俸爾祿 民膏民脂 下民易虐 上天難欺
식지 이봉이록 민고민지 하민이학 상천난기

唐 당나라 당	宗 마루 종	御 어거할 어	製 지을 제
麾 부를 휘	乘 탈 승	附 붙을 부	幣 폐백 폐
帛 비단 백	倉 곳집 창	廩 곳간 름	爾 너 이
俸 녹 봉	祿 복 록	膏 기름 고	脂 기름 지
易 쉬울 이	虐 사나울 학	難 어려울 난	欺 속일 기

麾之 : 지시하다
乘之 : 전달하다
附之 : 의탁하다

'동몽훈'에 다음과 같은 말이 있습니다. "공직자의 법은 오직 세 가지가 있으니 '깨끗함', '조심함', '근면성'이다. 이 세 가지를 알면 공직자의 자세를 아는 것이다."

童蒙訓曰 當官之法 唯有三事 曰淸 曰愼 曰勤
동몽훈왈 당관지법 유유삼사 왈청 왈신 왈근
知此三者 則知所以持身矣
지차삼자 즉지소이지신의

蒙 어릴 몽　淸 맑을 청　愼 삼갈 신　勤 부지런할 근
持 가질 지
當官之法 : 공직자의 법

관리는 반드시 심하게 화내는 것을 조심하고, 일이 틀렸을 경우에는 세밀하게 처리하면 반드시 옳게 될 것이다. 만약 크게 화부터 내게 되면 자신만 해롭게 될 것 이니, 어찌 다른 사람을 해칠 수 있겠는가?

當官者 必以暴怒爲戒 事有不可 當詳處之 必無不中
당관자 필이폭노위계 사유불가 당상처지 필무부중
若先暴怒 只能自害 豈能害人
약선폭노 지능자해 기능해인

當 마땅히 당	官 관리 관	暴 갑자기 폭	怒 성낼 노
戒 경계할 계	事 일 사	詳 자세할 상	處 곳 처
中 맞을 중	若 만약 약	只 다만 지	豈 어찌 기

以A~爲B~ : A를B로 여기다
以暴怒爲戒 : 심하게 화내는 것을 조심하다
必無不中 : 반드시 맞지 않음이 없다, 반드시 옳게 될 것이다.

임금 모시기를 부모 모시듯 하고, 윗사람 모시기를 형 모시 듯 하고, 동료와 어울리는 것을 가족과 어울리듯 하고, 관리들 상대하기를 노복 대하듯 하고, 백성 아끼기를 처자 대하듯 하고, 공적인 일의 처리를 집일 다루듯 한 뒤에야 나의 마음을 다한 것이다. 만약 털끝만큼이라도 다하지 않으면 모두 내 마음이 다한 것이 아니다.

事君 如事親 事官長 如事兄 與同僚 如家人 待羣吏 如奴僕
사군 여사친 사관장 여사형 여동료 여가인 대군리 여노복
愛百姓 如妻子 處官事 如家事然後 能盡吾之心
애백성 여처자 처관사 여가사연후 능진오지심
如有毫末不至 皆吾心有所未盡也
여유호말부지 개오심유소미진야

事 섬길 사	如 같을 여	親 어버이 친	與 더불 여
僚 동료 료	待 상대할 대	羣 무리 군	吏 벼슬아치 리
奴 종 노	僕 종 복	盡 다할 진	吾 나 오
毫 터럭 호	末 끝 말	皆 다 개	也 어조사 야

事官長 : 윗사람을 모시다
待羣吏 : 관리를 상대하다
毫末 : 털 끝

어떤 사람이 물었다. “부는 령의 아래 사람입니다. 부가 하고자 하는 것을 령이 혹시 따르지 않으면 어떻게 합니까?” 이천 선생이 대답하였다. “진실된 마음으로 그를 부리는 것이 맞다. 령과 부가 맞지 않는 것은 사적인 뜻이 다투기 때문이다. 령은 고을의 책임자이니 만약 가족의 도리로 대하고, 잘못이 생기면 자신이 책임지고 잘한 것이 자신에게 돌아오지 않을까 걱정하는, 이러한 정성을 쌓는다면 어찌 사람을 움직이지 못하겠는가?”

或問 簿佐令者也 簿所欲爲 令或不從 奈何
혹문 부좌령자야 부소욕위 영혹부종 내하
伊川先生曰 當以誠意動之 今令與簿不和 便是爭私意
이천선생왈 당이성의동지 금령여부불화 변시쟁사의
令是邑之長 若能以事父兄之道事之 過則歸己 善則唯恐不歸
영시읍지장 약능이사부형지도사지 과즉귀기 선즉유공불귀
於令 積此誠意 豈有不動得人
어령 적차성의 기유부동득인

或 혹자 혹　問 물을 문　簿 문서 부　佐 도울 좌
令 현령 령　從 좇을 종　奈 어찌 내　伊 저 이
誠 진실로 성　爭 다툴 쟁　私 사사로울 사　意 뜻 의
邑 고을 읍　過 허물 과　積 쌓을 적　豈 어찌 기
奈何 : 어찌하오
以誠意動之 : 진실된 마음으로 그를 부리다

'유안례'가 백성을 대하는 것을 물으니 명도 선생이 말하였다. "백성들 모두 개인의 정서를 나타내도록 해주면 된다." 하급관리를 다루는 방법을 물으니 대답하였다. "자신을 바르게 해서 사물에 이르는 것이다."

劉安禮問臨民 明道先生曰 使民各得輸其情 問御吏曰 正己以格物
유안례문림민 명도선생왈 사민각득수기정 문어리왈 정기이격물

臨 임할 림	使 하여금 사	各 각각 각	輸 다할 수
御 어거할 어	吏 관리 리	格 바를 격	物 사물 물

輸其情 : 개인의 정서를 나타내다
御吏 : 하급관리

'포박자'께서 말씀하셨다. "도끼를 맞아도 바르게 말하며, 솥에 들어 가더라도 말을 다하면 이것을 충신이라 이른다."

抱朴子曰 迎斧鉞而正諫 據鼎鑊而盡言 此謂忠臣也
포박자왈 영부월이정간 거정확이진언 차위충신야

抱 안을 포	迎 맞이할 영	斧 도끼 부	鉞 도끼 월
諫 간할 간	據 웅거할 거	鼎 솥 정	鑊 가마솥 확
盡 다할 진	謂 이를 위	忠 충성 충	臣 신하 신

斧鉞 : 도끼
鼎鑊 : 가마솥
盡言 : 말을 다하다

治家篇

치 가 편

사마온공께서 말씀하셨다. "낮고 어린 사람들은 일이 크든 작든 마음대로 하지 말고 반드시 집안의 어른에게 물어보아야 한다."

司馬溫公曰 凡諸卑幼 事無大小 毋得專行 必咨稟於家長

사마온공왈 범제비유 사무대소 무득전행 필자품어가장

司 말을 사	溫 따뜻할 온	凡 무릇 범	諸 모두 제
卑 낮을 비	幼 어릴 유	毋 말 무	得 얻을 득
專 오로지 전	咨 물을 자	稟 여쭐 품	長 어른 장

毋得專行 : 마음대로 하지 말라

손님을 대접할 때에는 넉넉하게 하고, 집안 살림은 검소하게 한다.

待客 不得不豊 治家 不得不儉
대객 부득불풍 치가 부득불검

待 대접할 대　客 손님 객　豊 풍성할 풍　儉 검소할 검
不得不 : ~하지 않을 수 없다. ~해야 한다.

태공께서 말씀하셨다. "어리석은 사내는 아내를 두려워하고, 현명한 여자는 남편을 공경한다."

太公曰 痴人畏婦 賢女敬夫
태공왈 치인외부 현녀경부

痴 어리석을 치　畏 두려울 외　婦 아내 부　敬 공경할 경
痴人 : 어리석은 사내
賢女 : 현명한 여자

노복을 부릴 때에는 그들의 배고픔과 추위를 먼저 생각하라.

凡使奴僕 先念飢寒
범사노복 선념기한

凡 무릇 범	使 부릴 사	奴 종 노	僕 종 복
先 먼저 선	念 생각할 념	飢 주릴 기	寒 찰 한

飢寒 : 배고픔과 추위

자식이 효도하면 부모가 즐겁고, 집안이 화목하면 모든 일이 이루어진다.

子孝雙親樂 家和萬事成
자효쌍친락 가화만사성

雙 두 쌍	親 어버이 친	樂 즐거울 락	和 화목할 화

萬事 : 모든 일

수시로 화재를 방지하고, 밤마다 도적에 대비하라.

時時防火發 夜夜備賊來
시시방화발 야야비적래

時 때 시	防 막을 방	備 갖출 비	賊 도둑 적

時時 : 수시로
夜夜 : 밤마다

'경행록'에 다음과 같은 말이 있습니다. "아침과 저녁의 움직임이 이른지 늦은지를 살펴, 그 집안이 흥할지 쇠할지를 점칠 수 있다."

景行錄云 觀朝夕之早晏 可以卜人家之興替
경행록운 관조석지조안 가이복인가지흥체

觀 볼 관	早 이를 조	晏 늦을 안	卜 점칠 복
興 일어날 흥	替 폐할 체		

早晏 : 이르고 늦음
興替 : 흥하고 쇠함

문중자께서 말씀하셨다. "결혼에 재물을 이야기 하는 것은 오랑캐의 도이다."

文中子曰 婚娶而論財 夷虜之道也
문중자왈 혼취이논재 이로지도야

婚 혼인 혼　娶 장가들 취　論 말할 론　財 재물 재
夷 오랑캐 이　虜 오랑캐 로
婚娶 : 결혼하다

安義篇

안 의 편

'안씨가훈'에 다음과 같은 말이 있습니다. "사람이 있은 후에 부부가 있고 부부가 있은 후에 부자가 있고 부자가 있은 후에 형제가 있으니, 집안의 친한 관계는 이 세 가지뿐이다. 이로부터 구족에 이르기까지 모두 이 삼친에 근거한다. 그러므로 인륜에서 중요한 것이니 조심하여 성심성의를 다하여야 한다.

顔氏家訓曰 夫有人民而後 有夫婦 有夫婦而後 有父子
안씨가훈왈 부유인민이후 유부부 유부부이후 유부자
有父子而後 有兄弟 一家之親 此三者而已矣
유부자이후 유형제 일가지친 차삼자이이의
自玆以往 至于九族 皆本於三親焉 故於人倫爲重也 不可不篤
자자이왕 지우구족 개본어삼친언 고어인륜위중야 불가불독

顔 얼굴 안	訓 가르칠 훈	夫 대저, 남편 부	婦 아내 부
玆 이 자	族 겨레 족	倫 인륜 륜	篤 도타울 독

不可不 : ~하니 않으면 안된다. ~해야 한다.

장자께서 말씀하셨다. "형제는 손발과 같고 부부는 옷과 같다. 옷이 헤지면 새로 바꿀 수 있으나, 손발이 잘린 곳은 붙이기가 어렵다."

莊子曰 兄弟爲手足 夫婦爲衣服 衣服破時 更得新 手足斷處
장자왈 형제위수족 부부위의복 의복파시 경득신 수족단처
難可續
난가속

衣 옷 의	服 옷 복	破 깨뜨릴 파	更 바꿀 경
斷 끊을 단	續 이을 속	處 곳 처	續 이을 속

手足 : 손과 발
難可續 : 붙이기가 어렵다

소동파께서 말씀하셨다. "부유하다고 가까이하지 않고 가난하다고 소원하게 하지 않는 것이 사람으로서의 대장부이다. 부유하다고 나아가고 가난하다고 물러나 것은 사람 중에 참으로 소인배이다."

蘇東坡云 富不親兮貧不疎 此是人間大丈夫 富則進兮貧則退
소동파운 부불친혜빈불소 차시인간대장부 부즉진혜빈즉퇴
此是人間 眞小輩
차시인간 진소배

蘇 소생할 소	坡 언덕 파	云 이를 운	富 부유할 부
親 친할 친	兮 어조사 혜	貧 가난할 빈	疎 성글 소
此 이 차	丈 어른 장	進 나아갈 진	退 물러날 퇴
眞 참 진	輩 무리 배		

小輩 : 소인배

遵禮篇

존 례 편

공자께서 말씀하셨다. "가정생활에 예법이 있어서 어른과 아이가 구별되고, 안주인의 생활에 예법이 있어서 모든 가족이 화목하고, 조정에 예법이 있어서 관직에 질서가 있고, 들에서의 사냥에 예법이 있어서 군사들의 업무가 원활하고, 군대에 예법이 있어서 전쟁의 공들이 이루어진다."

子曰 居家有禮故 長幼辨 閨門有禮故 三族和 朝廷有禮故 官
자왈 거가유례고 장유변 규문유례고 삼족화 조정유례고 관
爵序 田獵有禮故 戎事閑 軍旅有禮故 武功成
작서 전렵유례고 융사한 군여유례고 무공성

幼 어릴 유　辨 분변할 변　閨 안방 규　爵 벼슬 작
序 차례 서　獵 사냥할 렵　戎 군대 융　旅 군대 려
閨門 : 부녀자가 거처하는 방, 안주인
三族和 : 가족이 화목하다

공자께서 말씀하셨다. "군자가 용감하기만 하고 법도가 없으면 소란스러워지고, 소인이 용기만 있고 법도가 없으면 도적질을 한다."

子曰 君子有勇而無禮 爲亂 小人有勇而無禮 爲盜
자왈 군자유용이무례 위란 소인유용이무례 위도

勇 용감할 용 亂 어지러울 란 爲 될 위 盜 도둑 도
無禮 : 예의 없다. 법도가 없다

증자께서 말씀하셨다. "조정에서의 차례는 벼슬이 우선이고, 고을에서의 차례는 나이가 우선이며, 사회와 백성들을 도와주고 격려하는 것으로는 덕스러움이 최고이다."

曾子曰 朝廷莫如爵 鄕黨莫如齒 輔世長民莫如德
증자왈 조정막여작 향당막여치 보세장민막여덕

曾 일찍 증 廷 조정 정 爵 벼슬 작 鄕 시골 향
黨 무리 당 齒 치아 치 輔 도울 보 德 덕 덕
莫如 : ~만한 것이 없다. 우선이다.

노인과 청년, 어른과 아이는 우주자연이 만든 질서이니, 자연의 순리를 어기고 질서를 어겨서는 안 된다.

老少長幼 天分秩序 不可悖理而傷道也
노소장유 천분질서 불가패리이상도야

少 어릴 소　長 어른 장　幼 어릴 유　秩 차례 질
序 차례 서　悖 어그러질 패　理 이치 리　傷 상할 상
不可: ~해서는 안된다

집 밖으로 나갈 때는 귀한 손님을 대하듯 하고, 홀로 방으로 들어와서도 다른 사람이 있는 것과 같이 하라.

出門 如見大賓 入室 如有人
출문 여견대빈 입실 여유인

出 날 출　如 같을 여　見 볼 건　賓 손님 빈　室 방 실
如有人 : 다른 사람과 같이 있는 것 같이 하다

만약에 다른 사람이 나를 소중하게 대하기를 원한다면 내가 다른 사람을 소중하게 여기는 것보다 좋은 것이 없다.

若要人重我 無過我重人
약요인중아 무과아중인

若 만약 약　要 원할 요　重 소중할 중　我 나 아
無 없을 무　過 지나칠 과
無過 : 지나칠 것이 없다. 더 좋은 것이 없다

아버지는 자식의 훌륭함을 말하지 않으며, 자식은 아버지의 잘못을 말하지 않는다.

父不言子之德 子不談父之過
부불언자지덕 자부담부지과

德 덕 덕　談 말씀 담　過 허물 과
不言 : 말하지 말라
父之過 : 아버지의 잘못

言語篇

언 어 편

유회께서 말씀하셨다. "말이 부적절하면, 말하지 아니하는 것만 못하다."

劉會曰 言不中理 不如不言
유회왈 언부중리 불여불언

會 모을 회　　中 맞을 중　　理 이치 리　　如 같을 여
不如 : ~만 못하다

말 한마디가 부적절하면, 많은 말도 소용이 없다.

一言不中 千語無用
일언부중 천어무용

言 말씀 언　　中 맞을 중　　千 일천 천　　語 말씀 어
不中 : 부적절하다
無用 : 소용이 없다

군평께서 말씀하셨다. "입과 혀는 재앙과 근심의 입구이며, 자신을 파멸하는 도끼이다."

君平曰 口舌者 禍患之門 滅身之斧也
군평왈 구설자 화환지문 멸신지부야

舌 혀 설　　禍 재앙 화　　患 근심 환　　門 문 문
滅 멸할 멸　　身 몸 신　　斧 도끼 부
滅身之斧 : 자신을 파멸하는 도끼

다른 사람을 이익 되게 하는 말은 온기가 솜과 같고, 다른 사람을 다치게 하는 말은 날카로움이 가시 같아서, 다른 사람을 이롭게 하는 말 한 마디는 천금의 소중한 가치가 있고, 다른 사람을 다치게 하는 말은 아프기가 칼로 자르는 것과 같다.

利人之言 煖如綿絮 傷人之語 利如荊棘 一言利人 重値千金
이인지언 난여면서 상인지어 이여형극 일언이인 중치천금
一語傷人 痛如刀割
일어상인 통여도할

利 이로울, 날카로울 리		煖 따뜻할 난	如 같을 여
綿 솜 면	絮 솜 서	傷 다칠 상	語 말씀 어
荊 가시 형	棘 가시나무 극	値 값 치	重 중요할 중
痛 아플 통	刀 칼 도	割 벨 할	

利人 : 다른 사람을 이롭게 하다
傷人 : 다른 사람을 다치게 하다

입은 사람을 다치게 하는 도끼이고, 말은 혀를 자르는 칼이니, 입을 닫고 혀를 깊숙이 숨기면 모든 곳이 편안한 집이다.

口是傷人斧 言是割舌刀 閉口深藏舌 安身處處牢
구시상인부 언시할설도 폐구심장설 안신처처뢰

傷 다칠 상　　斧 도끼 부　　割 나눌 할　　舌 혀 설
閉 닫을 폐　　藏 감출 장　　深 깊을 심　　牢 굳을 뢰
處處 : 모든 곳

다른 사람 만나 30%나 대화를 하여도 아직 한 조각 마음까지는 알 수 없네, 호랑이 입이 세 개 있어도 두렵지 않는데, 다만 사람의 다른 두 마음이 두렵다.

逢人且說三分話 未可全抛一片心 不怕虎生三個口 只恐人情兩樣心
봉인차설삼분화 미가전포일편심 불파호생삼개구 지공인정양양심

逢 만날 봉	且 또 차	說 말씀 설	話 말할 화
抛 던질 포	怕 두려울 파	個 낱 개	恐 두려울 공
兩 둘 량	樣 모양 양		

兩樣心 : 다른 두 마음

술은 나를 알아주는 친구를 만나면 천 잔도 적고, 말은 때에 맞지 않으면 한 마디도 많다.

酒逢知己千鍾少 話不投機一句多
주봉지기천종소 화불투기일구다

酒 술 주	逢 만날 봉	鍾 술잔 종	少 적을 소
話 말할 화	投 맞을 투	機 기틀 기	

一句 : 한마디 말

交友篇

교 우 편

공자께서 말씀하셨다. “착한 사람과 함께 생활하면 영지와 난초의 방에 들어간 것 같이 시간이 지나면 그 향기를 느끼지 못할 정도로 곧 향기에 동화되고, 나쁜 사람과 생활하면 생선 가게에 들어선 것과 같이 시간이 지나면 그 악취를 느끼지 못할 정도로 또한 냄새에 동화되니, 주사를 가지면 붉어지고 옻을 지니면 검어진다. 그러므로 군자는 반드시 함께 생활하는 사람을 조심하여야 한다.”

子曰 與善人居 如入芝蘭之室 久而不聞其香 卽與之化矣
자왈 여선인거 여입지란지실 구이불문기향 즉여지화의
與不善人居 如入鮑魚之肆 久而不聞其臭 亦與之化矣
여불선인거 여입포어지사 구이불문기취 역여지화의
丹之所藏者赤 漆之所藏者黑 是以君子必愼其所與處者焉
단지소장자적 칠지소장자흑 시이군자필신기소여처자언

與 함께 여	居 살 서	芝 지초 지	蘭 난초 란
聞 맡을 문	香 향기 향	鮑 생선 포	肆 가게 사
臭 냄새 취	藏 감출 장	黑 검을 흑	

'가어'에 다음과 같은 말이 있습니다. "아름다운 사람과 함께하면 안개 속을 거니는 것 같이 옷이 비록 젖지 않더라도 늘 물들고, 무식한 사람과 함께하면 화장실에 앉은 것 같이 비록 더럽혀지지 않더라도 늘 냄새를 맡게 된다."

家語云 與好人同行 如霧露中行 雖不濕衣 時時有潤
가어운 여호인동행 여무로중행 수불습의 시시유윤
與無識人同行 如厠中坐 雖不汚衣 時時聞臭
여무식인동행 여측중좌 수불오의 시시문취

與 함께 여	霧 안개 무	露 이슬 로	雖 비록 수
濕 젖을 습	潤 젖을 윤	厠 뒷간 측	汚 더러울 오
臭 냄새 취			

공자께서 말씀하셨다. "안평중은 다른 사람과 잘 교류한다. 시간이 지나도 항상 공경한다."

子曰 晏平仲 善與人交 久而敬之
자왈 안평중 선여인교 구이경지

晏 늦을 안　仲 버금 중　善 잘할 선　交 사귈 교
久 오랠 구　敬 공경할 경

서로 알고 지내는 사람은 사회에 가득하나 내 마음 알아주는 사람 몇이나 될까?

相識滿天下 知心能幾人
상식만천하 지심능기인

相 서로 상　識 알 식　滿 가득찰 만　幾 몇 기

술과 음식 하는 형제 많으나, 급하고 어려울 때 친구는 한 명도 없다.

酒食兄弟千個有 急難之朋一個無
주식형제천개유 급난지붕일개무

酒 술 주	個 낱 개	急 급할 급	難 어려울 난
朋 벗 붕	無 없을 무		

열매 없는 꽃은 심지 말고, 의리 없는 친구는 교류하지 말라.

不結子花 休要種 無義之朋 不可交
불결자화 휴요종 무의지붕 불가교

結 맺을 결	子 씨 자	休 말 휴	種 심을 종

군자의 만남은 담박하여 물 같고, 소인의 사귐은 달콤하여 단술 같다.

君子之交 淡如水 小人之交 甘若醴
군자지교 담여수 소인지교 감약례

交 사귈 교　淡 맑을 담　甘 달 감　若 갈을 약　醴 단술 례

길이 멀어야 말의 힘을 알듯이 세월이 지나야 다른 사람의 마음이 드러난다.

路遙知馬力 日久見人心
노요지마력 일구견인심

路 길 로　遙 멀 요　知 알지　久 오랠 구

婦行篇

부 행 편

'익지서'에 다음과 같은 말이 있습니다. "여자에게는 네 가지 덕스러움에 대한 명예가 있으니 있는데, 첫째가 부인으로서의 마음씨이고, 둘째가 부인으로서의 모습이요, 셋째가 부인으로서의 말씨이며, 넷째가 부인으로서의 솜씨이다."

益智書云 女有四德之譽 一曰婦德 二曰婦容 三曰婦言 四曰
익지서운 여유사덕지예 일왈부덕 이왈부용 삼왈부언 사왈
婦工也
부공야

德 덕 덕　　譽 기릴 예　　婦 아내 부　　容 얼굴 용
婦工 : 부인으로서의 솜씨

부인의 덕스러움이라고 하는 것은 반드시 재주와 이름이 뛰어나게 다른 것을 말하는 것이 아니며, 부인의 모습이라고 하는 것은 반드시 얼굴이 아름다운 것을 말하는 것이 아니며, 부인의 말씨라고 하는 것은 반드시 말 잘하는 것이 아니며, 부인의 솜씨라고 하는 것은 반드시 기술이 다른 사람보다 뛰어난 것이 아니다.

婦德者不必才名絶異 婦容者不必顔色美麗 婦言者不必辯口利詞
부덕자불필재명절이 부용자불필안색미려 부언자불필변구리사
婦工者不必技巧過人也
부공자불필기교과인야

婦 부인 부	容 얼굴 용	顔 얼굴 안	麗 고울 려
必 반드시 필	辯 말 잘할 변	詞 말씀 사	技 재주 기

不必 : 반드시 ~는 아니다
過人 : 다른 사람보다 뛰어나다

부인의 덕스러움이라고 하는 것은 맑고 곧고 청렴하고 절개를 지켜 분수에 맞게 가지런하게 하며, 행동하고 멈추는 데에 부끄러워함이 있고 사회활동에 법도가 있는 것이 부인의 덕스러움이다. 부인의 모습이라고 하는 것은 먼지와 때를 빨아 의복을 깨끗하게 하며, 제때에 목욕하여 몸에 더러움이 없는 것이 부인의 모습이다. 부인의 말씨라고 하는 것은 좋은 말을 가려 말하고 예가 아닌 대화는 하지 않고, 말해야 할 때 말하여 사람들이 그의 말을 싫증내지 않는 것이 부인의 말씨이다. 부인의 솜씨라고 하는 것은 옷감 짜는 일에 전념하고 마늘과 술을 즐기지 않고 맛있는 음식을 준비하여 손님을 모시는 것이 부인의 솜씨이다.

其婦德者 清貞廉節 守分整齊 行止有恥 動靜有法 此爲婦德也
기부덕자 청정렴절 수분정제 행지유치 동정유법 차위부덕야
婦容者 洗浣塵垢 衣服鮮潔 沐浴及時 一身無穢 此爲婦容也
부용자 세완진구 의복선결 목욕급시 일신무예 차위부용야
婦言者 擇師而說 不談非禮 時然後言 人不厭其言 此爲婦言也
부언자 택사이설 불담비례 시연후언 인불염기언 차위부언야
婦工者 專勤紡績 勿好葷酒 供具甘旨 以奉賓客 此爲婦工也
부공자 전근방적 물호훈주 공구감지 이봉빈객 차위부공야

婦 부인 부	德 덕 덕	淸 맑을 청	貞 곧을 정
廉 청렴할 렴	節 절개 절	守 지킬 수	整 정제할 정
齊 가지런할 제	恥 부끄러울 치	靜 고요할 정	容 모습 용
洗 씻을 세	浣 빨 완	塵 먼지 진	垢 때 구
鮮 고울 선	潔 청결할 결	沐 머리감을 목	浴 목욕할 욕
穢 더러울 예	擇 가릴 택	師 스승 사	談 말씀 담
厭 싫을 염	紡 길쌈 방	績 길쌈 적	葷 마늘 훈
供 이바지할 공	具 갖출 구	賓 손 빈	旨 맛 지

이 네 가지 덕은 부인에게 빠져서는 안 되는 것이다. 실천하기 매우 쉽고 힘쓰는 것이 바른 것에 있으니, 여기에 기준하여 실천한다면 이것이 부인으로서 지녀야 할 도리가 된다.

此四德者 是婦人之所不可缺者 爲之甚易 務之在正 依此而行
차사덕자 시부인지소불가결자 위지심이 무지재정 의차이행
是爲婦節
시위부절

缺 이지러질 결 甚 심할 심 易 쉬울 이 務 힘쓸 무
在 있을 재 依 의지할 의

태공께서 말씀하셨다. "부인의 법도는 말이 부드러워야 한다."

太公曰 婦人之禮 語必細
태공왈 부인지례 어필세

禮 예절 례	語 말씀 어	必 반드시 필	細 가늘 세

현명한 부인은 지아비를 귀하게 만들고, 나쁜 부인은 지아비를 천하게 만든다.

賢婦令夫貴 佞婦令夫賤
현부영부귀 녕부영부천

賢 어질 현	令 하여금 령	佞 말잘할 녕	賤 천할 천

집안에 현명한 부인이 있으면 남편이 불의의 사고를 당하지 않는다.

家有賢妻 夫不遭橫禍
가유현처 부부조횡화

妻 아내 처	夫 남편 부	遭 만날 조	橫 가로 횡

현명한 아내는 가정을 조화롭게, 나쁜 아내는 가족의 조화를 무너뜨린다.

賢婦和六親 佞婦破六親
현부화육친 녕부파육친

婦 아내 부	和 화할 화	佞 아첨할 녕	破 깨뜨릴 파

增補篇

증 보 편

'주역'에 다음과 같은 말이 있습니다. "옳은 일을 축척하지 않으면 명성을 만들지 못할 것이고, 나쁜 일을 축척하지 않으면 일신을 보호할 수 있으니, 소인은 작은 착함은 도움이 없다고 실천하지 않고, 작은 나쁨은 해가 없다고 저지른다. 그러므로 나쁜 것이 축척되어 가릴 수가 없고 죄가 커져서 해결하지 못하는 것이다."

周易曰 善不積 不足以成名 惡不積 不足以滅身
주역왈 선부적 부족이성명 악부적 부족이멸신
小人以小善爲无益而弗爲也 以小惡爲无傷而弗去也
소인이소선위무익이불위야 이소악위무상이불거야
故 惡積而不可掩 罪大而不可解
고 악적이불가엄 죄대이불가해

積 쌓을 적	滅 멸할 멸	无 없을 무	益 더할 익
弗 아닐 불	傷 상할 상	掩 가릴 엄	履 밟을 리

서리가 밟히면 단단한 얼음이 온다. 신하가 임금을 죽이고 자식이 아버지를 죽이는 것이 갑작스런 것이 아니라, 그 원인은 조금씩 이루어진다.

履霜 堅氷至 臣弑其君 子弑其父 非一朝一夕之事 其所由來
이상 견빙지 신시기군 자시기부 비일조일석지사 기소유래
者漸矣
자점의

履 밟을 리	霜 서리 상	堅 굳을 견	氷 얼음 빙
弑 죽일 시	漸 점점 점	矣 어조사 의	

八反歌 八首

팔 반 가 팔 수

자식 나를 힐책하면 내 마음에 귀여워하고, 부모님이 화내면 내 마음이 싫어한다. 귀여워하고 싫어하니, 자식과 부모님에 대한 마음이 어찌 다른가? 당신에게 말하노니, 이제 부모님께서 화내시는 일을 당하면 마땅히 부모님을 아이로 생각하여라.

幼兒或詈我 我心覺懽喜 父母嗔怒我 我心反不甘
유아혹리아 아심각환희 부모진노아 아심반불감
一喜懽一不甘 待兒待父心何懸 勸君今日逢親怒 也應將親作兒看
희환일불감 대아대부심하현 권군금일봉친노 야응장친작아간

幼 어릴 유	或 혹 혹	詈 꾸짖을 리	嗔 성낼 진
我 나 아	反 거꾸로 반	喜 기쁠 희	懽 기쁠 환
待 대접할 대	懸 멀 현	勸 권할 권	逢 만날 봉
怒 성낼 노	也 또 야	應 응할 응	看 볼 간

자식들이 시끄럽게 하여도 당신은 항상 싫증내지 않고 들으면서, 부모님이 한마디만 하여도 간여한다고 한다. 간여하는 것이 아니라 부모님 마음이 안타까워하는 것이니, 백발이 되는 세월 속에서 경험이 많은 것이다. 당신에게 말하노라 나이 든 분의 말씀을 공손하게 받들고, 젖내 나는 입으로 시비를 다투지 못하도록 하라.

兒曹 出千言 君聽常不厭 父母 一開口 便道多閑管
아조 출천언 군청상불염 부모 일개구 편도다한관
非閑管親掛牽 皓首白頭 多諳練 勸君敬奉老人言 莫敎乳口爭
비한관친괘견 호수백두 다암련 권군경봉로인언 막교유구쟁
長短
장단

兒 아이 아	曹 무리 조	聽 들을 청	常 항상 상
厭 싫을 염	開 열 개	管 관리할 관	掛 걸 괘
牽 끌 견	皓 흴 호	首 머리 수	頭 머리 두
諳 알 암	練 겪을 련	乳 젖 유	爭 다툴 쟁
敎 하여금 교			

자식의 똥오줌이 더러우나 당신은 기피함이 없고, 늙은 부모님의 눈물과 침은은 기피한다. 작은 육신이 어디서 왔는가. 아비의 기와 어미의 피가 너의 육신이 되었다. 당신에게 말하노니, 나이든 사람을 공경하여 모셔라. 젊어 너를 위하여 육신과 뼈가 으스러졌다.

幼兒尿糞穢 君心無厭忌 老親涕唾零 反有憎嫌意
유아뇨분예 군심무염기 노친체타영 반유증혐의
六尺軀來何處 父精母血成汝體 勸君敬待老來人 壯時爲爾筋骨敝
육척구래하처 부정모혈성여체 권군경대노래인 장시위이근골폐

尿 오즘 뇨	糞 똥 분	穢 더러울 예	厭 싫을 염
忌 꺼릴 기	親 어버이 친	涕 눈물 체	唾 침 타
零 떨어질 령	憎 미워할 증	嫌 혐의할 혐	意 뜻 의
軀 몸 구	待 기다릴 대	筋 힘줄 근	敝 해필 폐

당신이 아침 시장에서 떡을 사는데, 부모님 공양한다는 소리는 없고 자식들 공양한다고만 한다. 부모님은 먹지도 못하였는데 자식이 앞서 배부르니, 자식마음과 부모님 마음이 즐기는 것은 비교할 수가 없다. 당신에게 말하노니, 떡 사는 돈 많이 써서 백발노인을 모셔라.

看君晨入市 買餠又買餻 少聞供父母 多說供兒曹
간군신입시 매병우매고 소문공부모 다설공아조
親未啖兒先飽 子心不比親心好 勸君多出買餠錢 供養白頭光
친미담아선포 자심불비친심호 권군다출매병전 공양백두광
陰少
음소

看 볼 간	晨 새벽 신	買 살 매	餠 밀가루떡 병
餻 떡 고	供 이바지할 공	曹 무리 조	啖 먹을 담
飽 배부를 포	比 견줄 비	陰 그늘 음	

저자거리 약방에는 자식 살찌우는 약만 있고, 부모님 건강하게 하는 것은 없으니, 무슨 까닭에 다르게 보는가? 자식과 부모님의 병에 자식 치료는 부모님 치료와 비교되지 않는다. 당신 다리 살을 잘라도 부모님의 살인 것이니 당신에게 말하노라 부모님의 귀하게 여기라.

市間賣藥肆 惟有肥兒丸 未有壯親者 何故兩般看
시간매약사 유유비아환 미유장친자 하고양반간
兒亦病親亦病 醫兒不比醫親症 割股還是親的肉 勸君亟保雙
아역병친역병 의아불비의친증 할고환시친적육 권군극보쌍
親命
친명

市 저자 시	間 사이 간	賣 팔 매	藥 약 약
肆 가게 사	惟 오직 유	肥 살찔 비	丸 환약 환
壯 씩씩할 장	親 어버이 친	般 가지 반	看 볼 간
病 병 병	醫 고칠 의	症 증세 증	割 벨 할
股 다리 고	還 돌아올 환	亟 빠를 극	保 지킬 보

귀하고 재산이 많으면 부모님 모시는 것이 편하나 부모님은 늘 불편하시고, 재산이 없고 신분이 낮으면 자식 키우기가 힘든데 자식은 주림과 추위를 받지 않는다. 한 마음 양 갈래 길에 자식 기름이 끝내 부모 봉양하는 것과는 같지 않다. 당신에게 말하노라, 부모 모시기를 자식 키우듯이 하고, 모든 일을 집에 재산 없다 탓하지 말라.

富貴養親易 親常有未安 貧賤養兒難 兒不受饑寒
부귀양친이 친상유미안 빈천양아난 아불수기한
一條心兩條路 爲兒終不如爲父 勸君養親如養兒 凡事莫推家不富
일조심양조로 위아종불여위부 권군양친여양아 범사막추가불부

富 부유할 부	貴 귀할 귀	養 기를 양	親 어버이 친
易 쉬울 이	常 항상 상	貧 가난할 빈	賤 천할 천
饑 주릴 기	寒 찰 한	條 가지 조	終 끝 종
爲 위할 위	勸 권할 권	推 밀, 핑계할 퇴	

부모 모시는 것이 두 분 뿐인데 형제들과 항상 논쟁하고, 자식 키우기는 열 명이라도 당신이 모두 홀로 책임진다. 자식이 편안한지는 항상 직접 살피면서, 부모님의 고통은 마음에 두지 않는다. 당신에게 말하노라 부모님 모시기에 온 힘을 쏟아라. 처음부터 입고 먹는 것을 당신에게 빼앗겼네.

養親 只二人 常與兄弟爭 養兒 雖十人 君皆獨自任
양친 지이인 상여형제쟁 양아 수십인 군개독자임
兒飽煖親常問 父母饑寒不在心 勸君 養親須竭力 當初衣食
아포난친상문 부모기한부재심 권군 양친수갈력 당초의식
被君侵
피군침

養 기를 양	只 다만 지	常 항상 상	爭 다틀 쟁
雖 비록 수	獨 홀로 독	任 맡을 임	飽 배부를 포
煖 따뜻할 난	勸 권할 권	須 모름지기 수	竭 다할 갈
被 입을 피	侵 침노할 침		

부모님은 모든 것에 자비로우나 당신은 그 은혜에 무심하고, 자식이 조금만 효도하여도 당신은 그 이름 자랑하기에 나선다. 부모 응대에는 어둡고 자식 대접에는 밝으니, 누가 부모 자식 키우는 마음을 알겠는가? 당신에게 말하노라, 자식들 효도를 너무 믿지 말라. 아이들에게 자식으로서의 본보기가 당신에게 있다.

親有十分慈 君不念其恩 兒有一分孝 君就揚其名
친유십분자 군불념기은 아유일분효 군취양기명
待親暗待兒明 誰識高堂養子心 勸君漫信兒曹孝 兒曹樣子在君身
대친암대아명 수식고당양자심 권군만신아조효 아조양자재군신

慈 사랑할 자	念 생각 념	就 나아갈 취	揚 날릴 양
待 기다릴 대	暗 어두울 암	誰 누구 수	識 알 식
漫 아득할 만	信 믿을 신	曹 무리 조	樣 모양 양

한글로 풀어 읽는 생활인성 明心寶鑑

초판 인쇄 2015년 8월 25일
편 저 김종철, 최정윤
펴낸이 변창훈
펴낸곳 대구한의대학교 출판부
주 소 712-715 경북 경산시 한의대로 1
전 화 053-819-1577,1578
등 록 1987년 11월 21일
ISBN 979-11-86788-02-8

정가 15,000원